中央社会主义学院统一战线高端智库课题“新时代社会组织参与农村社区协商治理机制研究”（批准号：ZK20180201）资助出版

乡村振兴视域下
农村社区协商治理研究

XIANGCUN ZHENXING SHIYUXIA
NONGCUN SHEQU XIESHANG ZHILI YANJIU

张锋　著

WUHAN UNIVERSITY PRESS
武汉大学出版社

图书在版编目(CIP)数据

乡村振兴视域下农村社区协商治理研究/张锋著.—武汉：武汉大学出版社,2021.7(2022.4 重印)
ISBN 978-7-307-21905-2

Ⅰ.乡…　Ⅱ.张…　Ⅲ.农村社区—社区管理—研究—中国
Ⅳ.D669.3

中国版本图书馆 CIP 数据核字(2020)第 222331 号

责任编辑:唐　伟　　责任校对:李孟潇　　整体设计:马　佳

出版发行:**武汉大学出版社**　(430072　武昌　珞珈山)
(电子邮箱：cbs22@whu.edu.cn　网址：www.wdp.com.cn)
印刷:武汉邮科印务有限公司
开本:720×1000　1/16　印张:14　字数:200 千字　插页:1
版次:2021 年 7 月第 1 版　2022 年 4 月第 2 次印刷
ISBN 978-7-307-21905-2　定价:45.00 元

序　言

2018年1月2日，《中共中央国务院关于实施乡村振兴战略的意见》正式发布，党中央国务院高度重视加强农村基层基础工作的战略意义，提出构建乡村治理新体系，专门强调深化村民自治，依托村民会议、村民代表会议、村民议事会、村民理事会、村民监事会，形成民事民议、民事民办、民事民管的多层次基层协商格局。党的十九届四中全会明确指出，完善“党委领导、政府负责、民主协商、社会协同、公众参与、法治保障和科技支撑”的社会治理体系。基于新时代的背景，我国农村社区协商治理具有重要的理论价值和实践意义，体现了鲜明的马克思主义立场、观点和方法。

我国农村社区协商治理是以马克思主义思想为指导，是中国特色社会主义制度的完善与发展。具体体现在党的领导、人民当家作主、依法治国的统一。我国农村社区协商治理首先是在中国共产党的领导下进行的，不管是农村社区协商治理的顶层设计，还是基层党组织领导下的实践创新，都是中国共产党领导下的农村社区协商治理理论和实践的探索，这是我国农村社区协商治理社会主义属性的根本保证。其次是人民当家作主，实现人民当家作主的根本制度是人民代表大会制度，受人民代表大会制度周期性、程序性、层级性的影响，具体在农村社区日常治理中，协商治理机制能够更好地促进人民当家作主，村民亲自参与农村社区公共事务的管理，村民的民主权利在具体的协商实践中得到尊重和实现，这与中国共产党领导的人民代表大会制度的价值目标是统一的。最后，依法治国。我国农村社区协商治理逐渐规范化、制度化和法治化，如党的十九届四中全会提出的“完善党委领导、政府负责、民主协商、社会协同、公众参与、法治保障和科技支撑”的社会治理体系，专门将法治保障作为农村社会治理体系的重要内容。当下，乡村振兴战略实施过程中，以自治、德治、法治、共治为核心的“四治协同”也都是农村社区协商治理法治化的重要体现。①

我国农村社区协商治理是中国共产党领导下的农村社区治理体系和治理能力现代化的制度实践。中华人民共和国成立以来，中国的革命、建设与改革开放的实践都充分证明了中国共产党的领导是中国革命、建设和改革开放的最大优势。以人民为中心、为人民服务始终是中国共产党的初心使命和价值遵循，中国共产党具有坚强的政治领导力、思想引领力、群众组织力、社会号召力，是农村社区协商治理核心主体，通过基层党组织的领导，依托区域化党建等多种形式，搭建丰富多彩的协商治理平台，引导农村社区多元利益主体参与协商治理，实现对农村社区分散化利益的制度性吸纳，激活农村社区协商治理的内生动力。同时，通过基层党组织领导下充满生机活力的村民自治机制，提升农村社区协商治理的效率。但实践中也存在农村社区协商治理制度创新与现有法律制度衔接不畅、协商内生动力不足、协商效率偏低、协商主体代表不足等困境。②

我国农村社区协商治理是人民当家作主的生动体现。人民代表大会制度是我国根本政治制度，人民通过人大代表选举，参与国家事务的治理，实现人民的参与权、表达权、知情权和监督权，人民代表大会制度是中国特色社会主义民主制度，保障了人民的民主权利。中国特色社会主义协商民主是人民代表大会制度的重要补充，也是人民当家作主的生动实践。具体到农村社区协商治理的过程中，当下党组织公推直选、村民自治等选举性民主逐渐完善和成熟，充分发挥基层党组织领导下充满生机和活力的村民自治机制的功能，实现了农村社区居民的利益诉求及

---

① 张锋：《乡村振兴背景下农村社区协商治理机制研究》，《上海行政学院学报》2019 年第 6 期，第 82-90 页。

② 张露露：《乡村治理中协商民主的实践形式：比较、问题与对策——基于我国东中西部地区四个典型案例的分析》，《中州学刊》2019 年第 4 期，第 1-7 页。

其选举权、参与权、知情权、监督权。但是，这种村两委干部的选举式社区民主，逐渐暴露选举式民主的弊端，尤其是在我国农村社区大转型的背景下，农村社区党内民主、村民选举民主为核心的农村社区民主面临更多实践困境，如农村社区的“空心化”“老龄化”“原子化”等对农村社区民主治理提出了新的挑战。并且，农村社区党内选举、村民自治选举均面临任期约束，每三年才能选举一次，这与农村社区日益复杂的利益现状和矛盾问题是不适应的，每三年才能选举一次的农村社区民主对两委干部的约束力有限，农村社区党组织领导下的村民自治沦为“村干部自治”等，农村社区居民对事关自己切身利益及公共事务的治理决策无法参与，久而久之，影响了基层党委政府的威信和公信力，制约了农村社区居民参与乡村治理的积极性和主动性。

推进我国农村社区协商治理还应避免以下风险：

农村社区协商治理的“效率性”问题。协商治理需要程式化的程序、方式、机制、流程等，多元主体参与协商，彼此之间的协商、沟通、互动的信息成本巨大，协商能否达成共识也不得而知，甚至有学者认为，通过协商达成共识是一个“伪命题”。农村社区协商涉及多元化的利益主体，村民、村两委组织、村社会组织等多元主体之间通过协商达成共识的成本巨大，农村社区协商治理的效率能否得到保障值得讨论。

农村社区协商治理的“合法性”问题。我国农村社区协商治理的实践探索大多是问题倒逼型，是为解决农村社区治理难题而进行的协商治理机制的建构，具有很强的“工具性”目的。再加上我国农村社区特色的体制、国情和传统，受乡镇基层党委政府的权力挤压，农村社区两委大多成为基层党委政府在农村社区的“代理人”，村民自治组织往往成为乡镇政府的“下属机构”，乡政村治的实践运行中，村民自治不同程度地存在“自治性不足”等现象；另外，我国是一个具有两千多年封建历史的国家，“强政府弱社会、大政府小社会”具有广阔的生存土壤和制度环境，非常容易出现“协商治理”异化的情况，用“协商”的形式掩盖不民主的实质，“协商内容”突破法律的限制，甚至部分农村社区出现以“协商议事会”代替村民代表大会或村民大会，严重违反了《村民委员会组织法》，造成农村社区协商治理的“合法性危机”。

农村社区协商治理的“公正性”问题。协商治理既是一种理念和意识，更是一种技巧、能力，不同的个体、群体因其自身文化层级、经济能力等差异，可能会出现协商能力上的差异，也就是协商民主经常受到的“精英主义”的诟病。因为，那些占有更多权力、资源的人更容易运用协商的程序、方式和过程，事实上侵害了更多的“底层草根”，这种协商治理的“精英主义倾向”违背了我国农村社区社会主义协商治理的初衷，其公正性受到质疑。

农村社区协商治理的“规范性”问题。协商民主是协商与民主的整合，农村社区协商治理的主体、内容、范围、形式、程序、规则、结果等是一个系统性工程，应强化农村社区协商治理的“规范性”。笔者通过对我国农村社区协商治理实践案例的梳理，发现或多或少都存在一定的规范性不足问题，制约了农村社区协商治理的绩效。如对农村社区协商结果的公示、反馈、评估等制度性设计，对协商过程的主持、发言、讨论、互动等环节的机制化设计，对协商治理的范围、内容、形式等规范化建构等。

党的十八大以来，我国农村社区协商治理进入内涵性发展的新时代。党的十八届三中全会指出，要建构党委领导、政府负责、社会协同、公众参与、法治保障的农村社区协商治理体制，要改进农村社区协商治理的方式，坚持系统治理、坚持依法治理、坚持综合治理、坚持源头治理。党的十八届四中全会提出，加快保障和改善民生，强化法治对中国农村社区协商治理创新的规范和保障。党的十八届五中全会强调，要加强和创新农村社区协商治理，推进农村社区协商治理精细化，构建全民共建、共治、共享的农村社区协商治理格局。党的十九大报告强调，推动农村社区协商治理重心向基层下移，发挥社会组织作用，实现政府治理和社会调节、居民自治良性互动。党的十九届四中全会提出“完善党委领导、政府负责、民主协商、社会协同、公众参与、法治保障和科技支撑”的社会治理体系。将这些重大论述和战略举措落实到农村社区协商治理的体系和能力建设之中，需要学界进行提炼、归纳和创新，建构新时代中国特色的农村社区协商治理的理论范式、制度逻辑和话语体系。

张锋

2020年7月于上海

目　　录

第一章　农村社区协商治理的理论基础

随着新型工业化、信息化、城镇化、农业现代化的推进，在农村经济社会取得快速发展的同时，部分地区不同程度地出现“农民原子化、权威碎片化、组织松散化、利益多元化”倾向，农村社区治理还存在基层党建薄弱、农民组织化程度不高、农村社会组织发育不充分、村民自治“虚化、弱化和异化”、农民利益诉求不畅，农村公共服务滞后，农村矛盾冲突加大、农村传统文化凋敝及农村生态环境恶化等问题。为此，2015 年以来，党中央、国务院印发《关于加强城乡社区协商的意见》《关于加强和完善城乡社区治理的意见》，2017 年 12 月民政部印发《关于大力培育发展社区社会组织的意见》，充分说明了党和政府对农村社会组织协商、农村社区协商、农村社区治理创新等工作的重视。

党的十九大报告提出乡村振兴战略，2018 年 1 月 2 日，《中共中央国务院关于实施乡村振兴战略的意见》正式发布，党中央国务院高度重视加强农村基层基础工作的战略意义，提出构建乡村治理新体系，专门强调深化村民自治，依托村民会议、村民代表会议、村民议事会、村民理事会、村民监事会，形成民事民议、民事民办、民事民管的多层次基层协商格局。① 党的十九届四中全会明确指出，完善“党委领导、政府负责、民主协商、社会协同、公众参与、法治保障和科技支撑”的社会治理体系。基于新时代的背景，农村社区协商治理具有重要的理论逻辑和实践价值。要深入推进农村社区协商治理的理论和实践研究，应强化对相关基础理论的梳理、总结和论述，探索它们支撑农村社区协商治理

---

① 参见《中共中央国务院关于实施乡村振兴战略的意见》，2018 年 1 月 2 日。

的内在逻辑和作用机理。

一、协商民主理论

自从1980年约瑟夫·毕塞特提出协商民主概念以来，学术界关于协商民主理论的研究主要有三个阶段：第一阶段，20世纪80年代到90年代初，主要代表人物有哈贝马斯、罗尔斯、伯纳德·曼宁和乔舒亚·科恩等，哈贝马斯、罗尔斯极大地提升了协商民主理论的影响力。这一阶段的协商民主理论主要讨论公众参与、民主决策、政治合法性等，如哈贝马斯认为，通过理性的沟通、讨论、辩论和互动，可以影响公共领域的价值判断和决策偏好，他强调沟通、协商在公共事务中的重要作用，并致力于推动以非政府组织为主体的社会性参与，以此提升协商舆论的公正性、民主性和科学性。罗尔斯认为通过协商民主可以促进正义，实现主体之间的“重叠共识”和“价值重构”，以协商、参与、沟通、合作等实现他所强调的“正义观”。① 这一时期的协商民主理论研究比较关注协商民主的规范性、伦理性、公共性，更多是一种价值观上的协商民主研究进路，对复杂的协商实践考虑得不够，但这已经为传统的民主理论注入了新的理论和资源，跳出以往对选举民主、代议民主的崇拜，将民主理论引入到一个新的视角和路径，为第二阶段协商民主理论和实践的发展提供了学术资源和分析基础。②

第二阶段20世纪90年代后期，约翰·德雷泽克从理论上论述了民主的本质不是简单的选举民主、代议民主，人们不是仅仅依靠选票表达自己的价值观点和利益诉求，而是通过协商实现自己的利益参与、利益

① 塞拉·本哈比：《走向协商模式的民主合法性》，载塞拉·本哈比主编，《民主与差异：挑战政治的边界》，黄湘怀、严海兵译，中央编译出版社2009年版，第80页。

② 塞拉·本哈比：《走向协商模式的民主合法性》，载塞拉·本哈比主编，《民主与差异：挑战政治的边界》，黄湘怀、严海兵译，中央编译出版社2009年版，第80页。

表达和利益协调，同时，他还强调协商民主是一种多元文化背景下的互动、妥协、合作和沟通，更加注重协商民主实践的复杂性和系统性。[①]

阿米·古特曼和丹尼斯·汤普森的《民主与分歧》指出，协商民主是一个过程，是一个基于协商参与从而达到民主决策的过程，他强调协商程序、协商形式、协商渠道、协商机制、协商理念等在民主实践中的作用，并对协商民主的内涵和外延进行了系统的论述和建构。

乔恩·埃尔斯特的《协商民主》以及塞拉·本哈比的《民主与差异：挑战政治边界》等作品，深化了对协商民主理论和实践的认识，将协商民主机制嵌入社会实践和制度文化之中，除了继续强调理性、协商、参与、互动和合作等价值的功能之外，又拓展了公共性、法律制度、信息结构等在协商民主实践中的作用机制，并且更加强调实践中的民主协商和协商中实践机制的统一。

当前，协商民主理论研究正处于第三个阶段，这一阶段已经走出传统政治哲学的理论范畴，开始探索将协商民主理论转向丰富多彩的政治实践，如菲什金运用"协商民意测验"的社会实践，总结、梳理和研究协商民主在实践中的价值导向、功能逻辑、作用机理和实施机制，[②] 从而将协商民主作为治理的一种机制或工具，以协商民主推动政治(社会)的善治。

瓦尔特·巴伯、罗伯特·巴特莱特等聚焦于协商民主的制度化建设，注重从协商主体、协商内容、协商程序、协商形式、协商保障等规范性角度建构制度化协商机制，从而将协商民主上升到法律的层面，促进协商民主的可操作性，降低协商民主实践过程中面临的复杂的程序性问题和高昂的协商成本问题，以及协商民主过程面临的合法性挑战

① 詹姆斯·约翰森：《支持协商：关于某些怀疑的思考》，载约·埃尔斯特主编《协商民主：挑战与反思》，周艳辉译，中央编译出版社 2009 年版，第 93 页。

② 约翰·S. 德雷泽克：《协商民主及其超越：自由与批判的视角》，丁开杰译，中央编译出版社 2009 年版，第 85 页。

问题。①

基于对协商民主三个阶段的理论述评和观点梳理，我们可以发现，协商民主是一种新型的民主形式，它与传统的民主模式有着本质性的区别，至少在以下价值层面，协商民主有着自己独特的优势和特征：②

公共性，是指人们从私人领域中走出来，就共同关注的问题开展讨论和行动，由此实现私人向公众的转化。公共性生产的过程也是个体基于理性精神参与公共活动、维护公共利益和实现公共价值的过程。公共性是社会治理的理念基础和价值导向，没有公共性的支撑，很难培育出理性、公正、民主、参与的公共精神，也无法激发社会性主体的活力和动力。哈贝马斯指出，通过社会组织参与公共领域来促进主体之间的协商、沟通、理解和认同，通过批判性对话来培育公共理性。

美国学者 G. A. 希莱指出，地域、共同的纽带以及社会交往是构成社区的核心要素。社区作为衔接政党、政府与个人之间的组织载体和空间场域，具有公共利益的整合、诉求、表达、参与、协商等功能机制，能够通过强化社区记忆、增加社区认同、培育社区资本、打造社区精神共同体等来建构社区公共性。

公共利益是社会共同体形成的纽带，社会组织是公共性形成的基础性主体，社区是公共性建构的空间场域，而社会公共性建构的动力机制是什么呢？法兰克福学派的哈贝马斯主张通过批判性反思建构的公共性，卢曼主张通过法律程序的民主决策形成的“合法性”，罗尔斯倡导的理性的公共性，主张体现公平正义的公共性，阿伦特强调的以人的存在的公共性等，都蕴含着主体、组织、制度之间的互动、参与、协商和合作，而能够实现主体之间互动、参与、协商、合作的制度性机制就是民主机制，这也从理念和理性层面论证了民主性与公共

① “Relections”. Sheddon Krimsky and Dominic Golding des. Social Theories of Risk. Westport, CO: Praeger, 1992: 354.

② Mary Douglass. Risk Acceptability According to the Social Sciences. London: Routledge, 2003: 20.

性之间的逻辑关系。[①] 所以，应着眼于选举民主、协商民主、参与性民主的研究，尤其是社会组织参与协商治理的民主机制研究和不同民主机制之间的衔接、互动研究。

诺埃里·麦加菲将协商民主理论分为三种类型：第一种是以偏好为基础的协商民主理论。该理论主张通过协商沟通机制，以此影响人们的价值偏好和行为机制，正如在农村社区协商治理的过程中，通过协商民主机制，让公民充分表达他们的权益、诉求和利益，从而在协商、辩论和妥协中形成偏好的“最大公约数”，推动公共决策的民主化、科学化。[②]

第二种是基于理性的程序主义协商民主理论，它的重要代表包括罗尔斯、哈贝马斯等，以规范性分析为主的政治哲学学者，他们注重协商的规范性建构，主张设计精致的协商程序，以协商过程的公众参与、多元互动和公共协商，实现公众协商民主的公共性、社会性和公正性。[③] 农村社区协商治理过程中，建构各种协商方式（座谈会、论证会、听证会等），都是为了搭建一种程序、过程导向的协商民主机制，通过农村社会组织来推动破解农村社区协商治理过程中面临的参与不充分、信息不对称、结构不均衡等难题，促进农村社区协商治理的公共性、民主性和公正性。

第三种是建构于一种整合主义路径的综合性理论，它兼顾协商的偏好主义和程序主义的优点，注重开展整合性研究，实现宏观制度结构和微观运行机制的良性互动。如在农村社区协商治理的过程中，这种整合主义理论强调通过尊重多元主体的合法权益，充分保障公众的知情权、表达权、监督权和诉讼权，形成公共价值、公共利益、公共舆论，以此优化农村社区协商治理的制度氛围。同时，该理论同样注重程序、过程

① Douglas. M. and Wildaysky, A. Risk and Culture. Berkeley of California Press, 1982: 5.

② Ulrich Beck. World Risk Society. London : Polity Press, 1999: 136.

③ 杨雪冬：《风险社会与秩序重构》，社会科学文献出版社 2006 年版，第 27 页。

的完善，形式和载体的拓展，以及机制和制度的创新，力求打通协商主体、协商程序、协商内容、协商方式、协商机制，促进两种理论的融合、互补和协调。①

应将协商治理的理念嵌入乡村振兴战略和农村社区治理之中，科学界定农村社区协商治理的内容，规范农村社区协商治理的形式，完善农村社区协商治理的机制；充分激活乡村社区治理的本土资源和传统文化，注重农村社区协商治理的开放性、规范性和均衡性，建构农村社区协商治理共同体；推动农村社区协商治理机制与乡村政治制度的衔接和互动，提升农村社区协商治理机制的整体性、协调性和系统性。②

西方协商民主的治理资源和方法范式，可以在一定程度上为推动我国农村社区协商治理的理论建构和实践创新，完善中国特色的农村社区协商治理体系及实践机制提供参考。但对西方协商民主理论分析的过程中，我们要认清西方协商民主理论的缺陷与不足，如西方协商民主中参与主体的均质性、抽象性、无差异性，与他们所属的阶级、阶层是不相关的，与他们所处的生产力、生产关系发展程度和阶段是脱离的，并过于寄希望于非政府组织的功能，认为公共领域中公共舆论的建构可以影响公共政策的走向，借此实现协商民主的功能和目的。显然，这是一种西方资本主义协商民主的理论视角和价值导向。在我国社会主义基础民主协商的实践中，不管从理论上还是从实践上都是坚持马克思主义理论指导，体现鲜明的马克思主义的立场、观点和方法，这与西方协商民主的理论和范式有着本质的不同。

其一，中国农村社区协商治理是以马克思主义思想为指导，是中国特色社会主义制度的完善与发展。具体体现在党的领导、人民当家作主、依法治国的统一。我国农村社区协商治理首先是在中国共产党的领导下进行的，不管是农村社区协商治理的顶层设计，还是基层党组织领

---

① 毛里西奥·帕瑟林·登特里维斯：《作为公共协商的民主：新的视角》，王英津等译，中央编译出版社2009年版，第71页。

② 詹姆斯·博曼：《公共协商：多元主义、复杂性与民主》，黄湘怀译，北京：中央编译出版社2006年版，第93页。

导下的实践创新，都是中国共产党领导下的农村社区协商治理理论和实践的探索，这是我国农村社区协商治理社会主义属性的根本保证。其次是人民当家作主，实现人民当家作主的根本制度是人民代表大会制度，受人民代表大会制度周期性、程序性、层级性的影响，具体在农村社区日常治理中，协商治理机制能够更好地促进人民当家作主，村民亲自参与农村社区公共事务的管理，村民的民主权利在具体的协商实践中得到尊重和实现，这与中国共产党领导的人民代表大会制度的价值目标是统一的。最后是依法治国。我国农村社区协商治理逐渐规范化、制度化和法治化，如党的十九届四中全会提出的“完善党委领导、政府负责、民主协商、社会协同、公众参与、法治保障和科技支撑”的社会治理体系，专门将法治保障作为农村社会治理体系的重要内容。当下，乡村振兴战略实施过程中，以自治、德治、法治、共治为核心的“四治协同”也都是农村社区协商治理法治化的重要体现。①

其二，中国农村社区协商治理是中国共产党领导下的农村社区治理体系和治理能力现代化的制度实践。中华人民共和国成立以来，中国的革命、建设与改革开放的实践都充分证明了中国共产党的领导是中国革命、建设和改革开放的最大优势。中国共产党从革命性政党到执政党，再到使命型政党，以人民为中心、为人民服务始终是中国共产党的初心使命和价值遵循，中国共产党具有坚强的政治领导力、思想引领力、群众组织力、社会号召力，中国共产党是农村社区协商治理核心主体，通过基层党组织的领导，依托区域化党建等多种形式，搭建丰富多彩的协商治理平台，引导农村社区多元利益主体参与协商治理，实现对农村社区分散化利益的制度性吸纳，激活农村社区协商治理的内生动力。同时，通过基层党组织领导下充满生机活力的村民自治机制，提升农村社区协商治理的效率。但实践中也存在农村社区协商治理制度创新与现有法律制度衔接不畅、协商内生动力不足、协商效率偏低、协商主体代表

① 张锋：《乡村振兴背景下农村社区协商治理机制研究》，《上海行政学院学报》2019年第6期，第82-90页。

不足等困境。①

其三，中国农村社区协商治理是人民当家作主的生动实践。人民代表大会制度是我国根本政治制度，人民通过人大代表选举，参与国家事务的治理，实现人民的参与权、表达权、知情权和监督权，人民代表大会制度是中国特色的社会主义民主制度，保障了人民的民主权利。中国特色的社会主义协商民主是人民代表大会制度的重要补充，也是人民当家作主的生动实践。具体到农村社区协商治理的过程中，当下党组织公推直选、村民自治等选举性民主逐渐完善和成熟，充分发挥基层党组织领导下充满生机和活力的村民自治机制的功能，实现了农村社区居民的利益诉求及其选举权、参与权、知情权、监督权。但是，这种村两委干部的选举式社区民主，逐渐暴露出一些弊端，尤其是在我国农村社区大转型的背景下，农村社区党内民主、村民选举民主为核心的农村社区民主面临更多实践困境，如农村社区的“空心化”“老龄化”“原子化”等对农村社区民主治理提出了新的挑战。并且，农村社区党内选举、村民自治选举均面临任期约束，每三年才能选举一次，这与农村社区日益复杂的利益现状和矛盾问题是不适应的，每三年才能选举一次的农村社区民主对两委干部的约束力有限，农村社区党组织领导下的村民自治沦为“村干部自治”等，农村社区居民对事关自己切身利益及公共事务的治理决策无法参与，久而久之，影响基层党委政府的威信和公信力，制约农村社区居民参与乡村治理的积极性和主动性。②

强化农村社区协商治理是对当下农村社区选举性民主的重要补充，在农村社区党组织的领导下，应通过协商性平台的建立，引导农村社区自治组织、农村社会组织、企业、村民等多元主体参与社区协商，建构农村社区“增量民主”，扩大村民有序参与农村社区治理，真正实现村民的民主参与、知情、监督，让农村社区利益多元通过具体的协商，参

① 张露露：《乡村治理中协商民主的实践形式：比较、问题与对策——基于我国东中西部地区四个典型案例的分析》，《中州学刊》2019 年第 4 期，第 1-7 页。

② 张锋：《农民利益诉求与农村社区建设》，《云南行政学院学报》2008 年第 5 期，第 145-147 页。

与农村社区公共事务的决策、管理、执行和监督；① 同时，农村社区居民通过协商治理的参与，可以培育协商参与的意识、技能和方法，提升参与农村社区协商治理的能力，在具体问题协商治理过程中强化社区多元主体的协商、沟通、合作和理解，培育农村社区社会资本和公共性，推动农村社区的“善治”。同时，在建构农村社区协商治理机制的过程中，应推进协商治理体制机制与农村社区党组织领导下充满生机和活力的村民自治机制相衔接、与乡镇人大制度相衔接，实现农村基层协商治理体系的联动和整合。

当然，我国虽然具有协商文化的传统和协商民主制度的实践，但从协商民主理论和范式来看，协商民主依然是个舶来品，它是西方资本主义国家反思代议制民主和选举性民主弊端和困境的背景下产生的，从一开始就具有反思性和批判性，也一直受到理论界的批判，它是西方资本主义民主制度演进的产物。我国农村社区协商治理的理论与实践研究，在借鉴西方协商民主理论的同时，还应认识到西方协商民主的缺点和不足：

一是协商治理的“效率性”问题。协商治理需要程式化的程序、方式、机制、流程等，多元主体参与协商，彼此之间的协商、沟通、互动的信息成本巨大，协商能否达成共识也不得而知，甚至有学者认为，通过协商达成共识是一个“伪命题”。农村社区协商涉及多元化的利益主体，村民、村两委组织、村社会组织等多元主体之间通过协商达成共识的成本巨大，农村社区协商治理的效率无法得到保障。由于我国是社会主义国家，党的领导是我国社会主义制度的最大优势，也是推动国家治理体系和治理能力现代化的重要保障。在我国农村社区协商治理过程中，党的领导为解决农村社区协商治理效率难题提供了保证，通过党组织纵览全局、协调各方的优势，强化多元主体协商的效率。②

① 张锋、辛晨：《新农村社区整合机制研究——以利益分析为视角》，《长白学刊》2007 年第 6 期，第 103-107 页。

② 韩冬梅：《西方协商民主理论研究》，北京：中国社会科学出版社 2008 年版，第 6-7 页。

二是农村社区协商治理的“合法性”问题。我国农村社区协商治理的实践探索大多是问题倒逼型，是为解决农村社区治理难题而进行的协商治理机制的建构，具有很强的“工具性”目的。再加上我国农村社区特色的体制、国情和传统，受乡镇基层党委政府的权力挤压，农村社区两委大多成为基层党委政府在农村社区的“代理人”，村民自治组织往往成为乡镇政府的“下属机构”。按照我国《宪法》《村民委员会组织法》，我国农村社区实行村民自治，乡镇政府与村委会是一种业务指导关系，但乡政村治的实践运行中，村民自治不同程度地存在“自治性不足”等现象。另外，我国是一个具有两千多年封建历史的国家，“强政府弱社会、大政府小社会”具有广阔的生存土壤和制度环境，尤其是大量农村区域，农村社区自组织能力较弱，基于这样的现实境况，农村社区协商治理在“工具理性”的刺激下，非常容易出现“协商治理”异化的情况，用“协商”的形式掩盖不民主的实质，“协商内容”突破法律的限制，甚至部分农村社区出现以“协商议事会”代替村民代表大会或村民大会，严重违反《村民委员会组织法》，造成农村社区协商治理的“合法性危机”。①

三是农村社区协商治理的“公正性”问题。协商治理既是一种理念和意识，更是一种技巧、能力，不同的个体、群体因其自身文化层级、经济能力等差异，可能会出现协商能力上的差异，也就是协商民主经常遇到的“精英主义”的诟病。因为，那些占有更多权力、资源的人更容易运用协商的程序、方式和过程，事实上侵害了更多的“底层草根”，这种协商治理的“精英主义倾向”违背了我国农村社区社会主义协商治理的初衷，其公正性受到质疑。所以，在推进农村社区协商治理过程中，应充分发挥基层党组织的领导、引导，完善协商治理的程序、规则、机制，尽量保证与农村社区协商事务相关的利益主体(代表)能充分参与协商，表达他们自己的利益诉求和价值偏好，通过公开的协商、

① 张露露：《乡村治理中协商民主的实践形式：比较、问题与对策——基于我国东中西部地区四个典型案例的分析》，《中州学刊》2019 年第 4 期，第 1-7 页。

参与、讨论、辩论，优化农村社区公共决策，最大限度地寻找农村社区多元利益的“最大公约数”，提升农村社区协商治理的“公正性”。

四是农村社区协商治理的“规范性”问题。协商民主是协商与民主的整合，农村社区协商治理的主体、内容、范围、形式、程序、规则、结果等是一个系统性工程，应强化农村社区协商治理的“规范性”。笔者通过对我国农村社区协商治理实践案例的梳理，发现其或多或少都存在一定的规范性不足问题，这制约了农村社区协商治理的绩效。如对农村社区协商结果的公示、反馈、评估等制度性设计，对协商过程的主持、发言、讨论、互动等环节的机制化设计，对协商治理的范围、内容、形式等规范化建构等。①

二、农村社区治理理论

(一)关于农村社区治理的理论范式研究

农村社区具有区别于城市社区的自身特点，主要是指以从事农业生产为主要谋生手段的人口为主，人口密度和人口规模相对较小的社区，其具有人口密度低，同质性强，流动性强，风俗习惯和生活方式受传统势力影响较大，社区成员血缘关系浓厚等特点。我国和谐农村社区建设是社会变迁、制度创新和组织变革的内在需要，是和谐社会发展、社会利益协调的内生变量，它具有公益性、志愿性、民间性、组织性特点，这些特点契合了和谐社会下对农村社区利益整合的需要，它是通过农村社区的建设来实现同质利益的认同、异质利益的协调和多维、多向利益之间的整合。和谐新农村社区的构建可以实现利益主体、利益客体和利益载体之间和谐发展。目前学界关于农民利益发展与农村社区发展的研究较多，但研究往往突出农民利益或农村社区建设的单一视角，对农民

① 张锋：《乡村振兴背景下农村社区协商治理机制研究》，《上海行政学院学报》2019 年第 6 期，第 82-90 页。

利益发展研究只停留在平面视角上，没有从立体化和系统化视角来研究农民利益发展和农村社区发展，不能实现农民利益发展和农村社区发展互促共进和同质同向，因此从利益发展和社区发展双重视角研究新农村社区建设对促进农民利益发展意义重大。

“国家-社会”理论是西方研究农村社区治理的基本范式和方法，认为国家与社会是两个分立的结构性实体，具有矛盾、对立和互动的关系，通过竞争、对抗和博弈形成竞争关系、合作关系和冲突关系，并成为研究农村社区治理、社会冲突和社会整合的三种框架：多元主体、法团主义、社会运动。① 强调培育不受政府干扰的独立的社会组织，主张依靠社会力量来建构公共领域、公共话题、公共议程，以此来影响国家的政策走向。中国的农村社区治理是建立在国家与社会深度融合的基础上，政党、国家、社会的关系具有特殊性，中国共产党是执政党和领导党，农村社区治理是在执政党的领导下，由政府负责和主导，坚持以人民为中心，走群众路线，政党通过政府来培育社会和发展社会组织，国家与社会是一种相互融合和良性互动的关系。

乡村振兴战略背景下要实现利益发展就要求利益时空上拓展、维度上深化、内容序列上优化组合，必须促使利益发展与组织载体培育实现时空契合功能整合，实现利益主体、利益客体和利益载体互动互促、同质同向。② 利益发展有三个层次：其一，整合利益，即实现和谐利益，对多元利益中的共有利益、共同利益和共享利益能够进行统一的利益诉求，通过制度化、规范化和法治化的方式、方法和途径实现农民的和谐

---

① Charles Tilly. *From Mobilization to Revolution*. New York：Random House，1978：60.

② 笔者认为利益多元的时代存在着利益的时空拓展、利益的维度深化、利益的序列优化问题。利益的时空拓展是指利益在时间上有代内利益之间的平衡协调和代际利益的平衡协调问题，在空间上有区域利益之间的平衡、群体之间的利益平衡和城乡之间的利益平衡问题；在维度上的深化是指利益的发展从个体利益、集体利益、公共利益、国家利益、社会利益到和谐利益的深化问题；利益的序列优化是指利益的内容、价值、形式等序列有着不同的优化组合问题。这也是和谐新农村社区建设能契合利益的多向度和多维度协调、发展需要的前提。

利益。其二，发展利益，通过培育农村集体经济组织来壮大农村社区集体经济基础，整合社会资源，构建多元投资主体下的农村利益（公共产品）发展机制，实现社区主体在农村公共产品方面共进互促。其三，协调利益，即实现利益和谐。通过农村社区组织文化的建构和创新，用社区组织文化来引导、沟通和协调农村差异利益、冲突利益和矛盾利益，最终做到在认同差异利益基础上缩减差异利益和平衡冲突利益。①

世界银行 1989 年在《撒哈拉以南非洲：从危机到增长》中第一次提出治理危机。治理作为一个学术概念和理论范式，受到西方政治学、社会学、管理学等学科的高度重视，在西方语境下，治理是各种公共的或私人的个人和机构管理其共同事务的诸多方式的总和。具有四个特点：其一，治理不是一套规则或一个活动，而是一个关于公共事务解决的连续过程；其二，治理的基础不是强制和控制，而是建立在程序下的协调和协同；其三，治理的主体既包括公共部门，也包括私人部门；其四，治理不是一种正式的制度，而是持续的互动和协商。② 西方治理理论是建立在国家与社会二元分立的前提下，国家与社会具有比较清晰的边界，社会已经形成大量成熟的社会组织，在去国家（政府）化的背景下，通过自组织来实现农村社区治理，克服集体行动的困境，强调自我约束和自我规范。在西方治理语境下，国家是一个抽象的存在，政府具有均质性，政党是农村社区治理中的普通参与者，社会组织在法律框架内参与社区公共物品的供给、社会利益的协调及公共性的建构。而中国农村社区治理却呈现出迥异的特征，首先是主体地位的非对等性，执政党居于领导核心，政府处于主导地位，社会组织处于协同地位，公众处于参与地位。其次，结构上的非均衡性。政党、政府不是一个抽象的均质存

① 笔者认为和谐利益与利益和谐有着明显的差异，和谐利益是指群体之间的共有的、共同的和共享的，实现一致表达的利益，促进和谐利益的实现关键是做到利益诉求的制度化、规范化和法治化，实现利益的低成本表达；而利益和谐是指差异的、冲突的和矛盾的利益之间的平衡协调，实现利益之间和谐共生的关键是认同差异利益的存在，通过社区文化来协调、缩减差异利益。

② 俞可平：《治理和善治引论》，《马克思主义与现实》2012 年第 2 期，第 3-5 页。

在，而是蕴含着复杂的逻辑关系和运行机制。最后，法治在农村社区治理中扮演着规制的角色，成为农村社区治理主体的权力、责任、权利、义务、行为、边界的规范和保障。①

西方新公共管理理论是针对传统公共管理理论的困境和挑战应运而生的，目的是克服政府作为公共物品唯一供给者而导致的公共服务危机，探索公共服务供给的多元化机制，强调市场、社会参与公共服务的生产和供给，形成政府、市场、社会等多元主体合作模式。该理论对农村社区治理产生了重要的影响，政府逐渐退出公共服务领域，重视市场化、信息化和地方化的方式来化解社会问题。而中国农村社区治理一方面积极借鉴新公共管理理论，推动公共服务的市场化、社会化、信息化等，激发社会资本参与公共服务供给；另一方面，政府并没有减少对公共服务的重视，而是逐年增加政府公共服务预算和投入，并且优化政府与市场、社会在公共服务供给中结构性配置，实现政府在基本公共服务均等化供给中的基础性作用，以及市场和社会在公共服务精细化供给中的补充性作用。②

（二）关于农村社区治理的基本概念研究

社区是在一定范围内居民的共同生活、工作和栖息的有秩序的空间群落，是由共同地缘的社区文化、习俗、信仰、价值观念、消费习惯、基本生活设施、经济社会生活所构成的地域空间（滕尼斯，1999）。农村社区治理是指在各级党委政府的统一领导和民政部门的协调指导下，居民区党组织和居委会直接组织，通过社区民主和自我管理的方式，依靠政府、社会和居民自身等多方面的资源，推动社区基础设施、环境治理、社会保障和公共产品体系建设，强化公共管理与服务功能（徐永祥，2000）。多中心治理理论强调协调、过程以及持续的互动（奥斯特

① 李友梅：《中国社会治理的新内涵与新作为》，《社会学研究》2017 年第 3 期，第 27-34 页。

② 王丽萍、郭凤林：《中国社会治理的两副面孔——基本公共服务的视角》，《南开学报（哲学社会科学版）》2016 年第 3 期，第 93-107 页。

罗姆，1990）。认同社区存在多个治理主体，即政府、公众、市场组织、非营利组织等，它们都有责任、有权力参与解决社区公共事务，多元主体相互合作，并形成一个自治网络（布莱尔，2003）。

（三）基于不同理论的农村社区治理研究

一是基于治理理论的农村社区治理。强调通过合作、协商的方式对公共事务进行管理，弥补国家和市场在社会资源配置过程中的不足或失效，使冲突或不同利益得以调和并采取联合行动（俞可平，2003）。农村社区治理是在支持各种类型社区组织发展的基础上，重构运行效率更高、管理成本更低的新型农村社区治理体制和运行机制，使社区真正成为承接政府公共服务的重要平台（李增元，2009）。二是基于自组织理论的农村社区治理。社区自组织的成长推动了农村社区治理结构的转型，即治理过程由行政主导转变为民主协商，治理关系由命令服从关系转变为合作、互惠关系，治理组织体系由垂直科层结构转变为横向多元合作网络结构。社区自组织因其内在的合作、参与、有序等特征被当作提高农村社区治理绩效的有效工具（肖日葵，2009）。三是基于社会资本的农村社区治理。社会资本是社会组织的特征，如信任、规范和网络，它们能够通过推动协调的行动来提高社会效率（帕特南，2001）；细化社会资本的类型以及深入分析社会资本对农村社区治理主体、治理结构和治理过程等方面的影响，社会资本在农村社区治理中可以克服集体行动的困境，提高公共政策的效率，增进治理的绩效（丁湘城，2009）。

（四）关于农村社区治理的内容研究

一是农村社区治理的主体研究。从政府、市场、社区、社会组织、群团组织及志愿者等多元主体的视角研究社区共治，提出要大力发展社会组织（李友梅，2013）。二是农村社区治理的客体研究。重点对社区自治、外来人口的管理、社区稳定、公共安全、基本公共服务均等化、居民精神文化生活、“新型社区”（村改居、动迁安置、城中村等社区）、社区经费投入等开展研究（党国英，2010）。三是农村社区治理的体制研究。以组织载体创新为抓手，搭建农村社区治理平台，激活基层活力，整合区域资源，形成社会共治的格局（郑杭生，2012）。四是农村社区治理的机制研究。根据农村社区治理的难点和重点，对构建参与机制、公共物品供给机制、纠纷化解机制、综合治理机制、财政投入机制等开展研究（丁元竹，2013）。五是农村社区治理的模式研究。根据区域差异，开展城市农村社区治理、郊区农村社区治理、农村社区治理模式的研究；根据学科不同，从法学、社会学、政治学、经济学等视角对农村社区治理模式开展研究；根据国外的实践经验，开展综合比较研究（燕继荣，2013）。

（五）国内外农村社区治理模式研究

主要有行政主导型治理模式、混合型治理模式和自治型治理模式三种类型。行政主导型主要特点是政府行为和社区行为结合紧密，政府部门设有专门的社区管理机构，在社区中设有各种形式的派出机构，行政性较强、官方色彩浓厚；混合型结合社区自治模式的特点是，政府对社区工作进行规划、指导、拨款，参与农村社区治理，形成共治的模式；自治型是以社会权力自治为主，发挥社会组织、志愿者、公益组织、驻地单位在农村社区治理中的作用，政府从规划、财政、法治等方面支持农村社区治理（汪大海，2012）。

基于以上农村社区治理的研究梳理，结合乡村振兴战略的实施背景，在推进我国农村社区协商治理的过程中，应关注农村社区协商治理“四个方面”的突出问题：

一是农村社区协商治理内容的结构性失衡。基于笔者的深度调研及文献研究，当下农村社区协商治理的实践探索挺多，有“浙江温岭的民主恳谈会”“河南邓州的四议两公开”“四川成都的村民议事会”“广东云浮的乡贤理事会”等，取得了良好的实践效果。[①] 但受整个农村社会大

① 张露露：《乡村治理中协商民主的实践形式：比较、问题与对策——基于我国东中西部地区四个典型案例的分析》，《中州学刊》2019 年第 4 期，第 1-7 页。

转型的影响，农村社区协商治理机制的探索大多是以问题倒逼为导向，是为了解决农村社区治理的难题而产生的，它天生具有“工具性价值”和“实用主义”倾向，一个非常典型的体现就是农村社区协商治理内容的结构性失衡。根据中共中央办公厅、国务院办公厅印发的《关于加强城乡社区协商的意见》，纳入农村社区协商治理的范围广泛、内涵丰富，包括涉及农民切身利益的公共事务和公益事业，村民反映强烈的实际困难和矛盾纠纷，党和政府的政策方针在农村社区推进落实情况，各类协商主体提出的协商需求以及法律法规和政策明确纳入协商的议题等，具有很强的公益性、公共性、社区性和政策性的特点。但是，实践中农村社区协商的内容面临结构性失衡，表现为议题大多是“自上而下”形成，主要是为了完成乡镇党委、政府的行政性任务，是一种“自上而下”的权力逻辑和实施路径，缺乏协商应有的“互动性、回应性和过程性”，而真正涉及村民核心利益，反映农村社会矛盾和治理风险的议题较少，由村民“自下而上”形成的协商议题不多；① 征询型、听证型和协调型的协商议题较多，而关涉农村社区协商治理的针对性、有效性和公正性的决策型、评议型的协商议题较少，农民参与协商治理的知情权、参与权、表达权、监督权没有得到很好的落实。

二是农村社区协商治理主体的代表性不强。我国乡村振兴战略的实施正处于农村经济共同体的转型、治理共同体的转型和农民社区的转型过程之中，治理主体的结构和能力都有待于优化和加强。农村社区协商治理的主体结构封闭，大多仍是传统的农村两委控制，协商治理主体的多元化、代表性、专业性不够。典型表现为缺乏对乡村社区中乡贤、老党员、“两代表、一委员”等本土资源的深度挖掘，以及乡村社区外部治理资源(如律师、专家、社会组织等)的制度化吸纳，导致农村社区协商治理的公共性、公益性和专业性不足。同时，农村社区协商治理的主体能力不强现象严重，农村基层党组织在确定协商议题、协商规则、

① 张锋：《乡村振兴背景下农村社区协商治理机制研究》，《上海行政学院学报》2019 年第 6 期，第 82-90 页。

协商程序、协商形式、协商过程、协商成果应用等环节的组织力、引导力、号召力不强、村委会面临"弱化和虚化和异化"风险、农村社会组织发展不充分、农民参与协商治理的技能和素养不够，导致农村社区协商治理往往流于形式，制约了农村社区协商治理的针对性和实效性。

三是农村社区协商治理程序的规范性缺失。协商治理作为一种新型民主机制，具有规范化、法治化和制度化的特点，关于协商主体、协商内容、协商方式、协商程序、协商成果等都有明确、具体的规定，这样才能真正发挥农村社区协商治理的制度功能。以新加坡为例，为推动社区协商治理，构建了"四个类别、六个枢纽型"的社区协商治理组织体系，政府层面有人民协会、社区发展理事会、市镇理事会等，基层层面有公民咨询委员会、民众俱乐部和居民委员会等，特别重视发挥以执政党为主的民意诉求收集组织体系（国会议员、基层支部、社区基金会、居委会民意组）等，建立健全规范社区协商治理的法律、法规和政策体系。但是，我国部分农村社区协商治理的程序化、制度化、法治化、规范化程度不高，随意性较大，农村社区协商治理的平台和方式不健全，关于"协商什么、谁来协商和怎么协商"，缺乏制度化保障和清单化管理；协商还没有贯穿社区治理的决策、执行、监督全过程，协商结果的公开、监督、应用及反馈机制还不健全，制约了协商治理质量和效率。

四是农村社区协商治理价值公共性不足。瓦拉德斯指出："协商民主是一种具有巨大潜能的民主治理形式，它能够有效回应文化间对话和多元文化社会认知的某些核心问题。它尤其强调对于公共利益的责任、促进政治话语的相互理解、辨别所有政治意愿，以及支持那些重视所有人需求与利益的具有集体约束力的政策。"①随着农村社区的转型加速，为了更好提升农村社区治理效果，不少地方都进行了农村社区协商治理的探索，取得了一定的成效。但是，从整体上看还存在不平衡、不充分问题，特别是对协商治理理念的认识存在较大的偏差。不少乡村干部主要把协商治理作为一种工具、手段和方式，更关心农村工作的推动和落

① 陈家刚：《协商民主》，上海：上海三联书店 2004 年版，第 3 页。

实，普遍存在过分重视协商治理的“工具价值”，而忽视协商治理的“理性价值”的现象，比较关注协商的结果、形式和方式，忽视协商的过程、规则、程序、公开、评估、监督和反馈。甚至出现农村基层干部利用协商治理的形式来规避法律责任、转移治理风险、进行权力寻租的案例。

所以，推动农村社区协商治理需要围绕以上重点困境展开理论研究和制度建构，借鉴西方社区治理理论的合理成分，结合我国农村社区协商治理的党政体制、社会结构与文化环境，提升我国农村社区协商治理的针对性和实效性。中国农村社区协商治理必须坚持中国共产党的领导，这是我国农村社区协商治理社会主义性质的根本保障，脱离中国共产党的领导，农村社区协商治理将陷入“无政府主义”窠臼；必须坚持人民当家作主，保护人民主权和基本人权，这是我国农村社区协商治理的人民性的基本体现，我国农村社区协商治理是以促进人民主权和基本人权为价值目标的制度体系；必须坚持依法治国，农村社区协商治理是对农村基层民主的探索和完善，是党内民主、选举民主的重要补充和拓展，但农村社区协商治理是自治、德治、法治的统一，不能以农村社区协商治理的形式违反宪法、法律、法规、制度的规范要求。

三、农村社会组织理论

随着农村社会转型的加速，农村社区呈现出利益主体多元化、利益关系复杂化、利益矛盾显性化、利益诉求碎片化、利益供给失衡化等倾向，已经成为制约乡村振兴战略和影响农村社区治理绩效的关键因素，急需探索党建引领下的多元主体参与农村社区治理的体制机制，激活农村社区中社会组织的活力和动力。基于农村社会组织的公共性、公益性、专业性、中立性等特征，其具有组织化利益表达、多元化利益供给、社会化利益协调的机制功能，促进国家对农村社区的“吸纳”和“激活”，实现“活力”与“秩序”的平衡，建构一种“政党—政府—社区—社会组织—农民”的利益诉求、利益供给、利益协调机制，推动农村社区民主的组织化利益表达，强化农村社区公共物品的多元化利益供给，完善农村社区风险矛盾的社会化利益协调。应基于农村社会组织的主体视角和利益机制的功能逻辑，聚焦农村社会组织参与农村社区治理面临的突出困难，系统建构农村社会组织参与农村社区治理的保障性机制、支撑性机制和参与性机制。①

随着新型工业化、信息化、城镇化、农业现代化的推进，农村经济社会取得快速发展的同时，也极大地改变了农村社会网络、社会资本、文化生态、情感信任及价值理念等，加剧了“农民原子化、权威碎片化、组织松散化、利益多元化”等倾向。当前，我国农村社区治理还存在基层党建薄弱、农民组织化不高、农村社会组织发育不充分、村民自治“虚化、弱化和异化”、农民利益诉求不畅，农村公共服务滞后、农村矛盾冲突加大、农村传统文化凋敝及农村生态环境恶化等问题。为此，2015 年以来，党中央、国务院印发了《关于加强社会主义协商民主建设的意见》《关于加强城乡社区协商的意见》《关于加强和完善城乡社区治理的意见》，2017 年 12 月民政部印发《关于大力培育发展社区社会组织的意见》；党的十八大以来，中国农村社区治理被赋予新时代内涵，党的十八届三中全会明确提出农村社区治理体系和治理能力的现代化，农村社区治理被正式写入党的文件；党的十九大报告提出完善党委领导、政府负责、社会协同、公众参与和法治保障的农村社区治理格局。要加强和创新农村社区治理，推进农村社区治理精细化，构建全民共建共治共享的社会格局；推动农村社区治理的并轨制改革，建立健全社区治理体系和治理能力，健全现代社会组织管理体制，加快社会信用体系建设。党的十九届四中全会提出完善“党委领导、政府负责、民主协商、社会协同、公众参与、法治保障和科技支撑”的社会治理体系，更加注重“民主协商”和“科技支撑”在新时代农村社区治理体系中的重要作用；改进农村社区治理的方式，坚持系统治理、依法治理、综合治

① 张锋：《利益诉求视角下新农村社区发展研究》，《内蒙古社会科学》2008 年第 4 期，第 124-128 页。

理、源头治理；建设人人有责、人人尽责、人人享有的农村社区治理共同体。充分说明了党和政府对农村社会组织协商、农村社区协商、农村社区治理创新等工作的高度重视。

基于此，本书立足新时代农村社会组织协商、农村社区协商、农村社区治理创新等新时代背景，以利益与利益机制为研究视角，① 以农村社会组织的利益诉求、利益参与、利益协调、利益整合、利益导向、利益保障为利益机制，以农村社区的制度性整合、功能性整、认同性整合和协商性整合为整合机制，以公共协商、理性沟通、偏好转换、共识认同、理解妥协为作用机制，建构新时代农村社会组织参与农村社区协商治理的机制体系，为破解农村社区治理瓶颈提供理论支撑和实践路径。②

国外关于社会组织参与农村社区协商治理的研究进展：一是社会组织理论研究。认为公共领域是介于私人领域和政治系统之间的领域，是独立的个体及由其所组成的自治社团组织进行自主交往和自由辩论的领域(哈贝马斯，1999)。二是社区治理研究。建立在成员共同利益之上，具有一定的地理区域、人口数量、共同意识和社区文化，有较密切的社会交往，社区不是简单的个人利益集合，需要各种组织来促进利益协调(I. T. 桑德斯，1958)；各种公共的或私人的机构管理其共同事物的诸多方式的总和，使相互冲突或不同的利益得以调和并且采取联合行动的持续的过程(Commission on Global Governance，1994)。三是协商民主理论研究。确立协商民主的规范性、正当性理论，认为理性沟通的交往会带来偏好的改变(哈贝马斯，1998；罗尔斯，2011)；在承认文化多元化和社会复杂性的基础上，强调现实意义上的协商民主及其制度化(博曼，2006；古特曼、汤普森，2004)；通过大量经验性证据来寻求协商民主运作的制度类型和方法，促进协商民主规范理论和实证研究结合

① 张锋：《利益诉求视角下新农村社区发展研究》，《内蒙古社会科学》2008年第4期，第124-128页。

② 张锋：《乡村振兴背景下农村社区协商治理机制研究》，《上海行政学院学报》2019年第6期，第82-90页。

(巴伯，2006)；提出整合性协商民主体系，提倡协商民主场域的多样性及连接性(亨德里克斯，2004)。

关于农村社会组织研究和农村社区治理研究的成果较多，但关于农村社会组织参与农村社区治理的研究尚处于探索阶段，主要可归纳为四个方面：

其一，农村社会组织的类型和特征。由民间自发、自愿形成的以服务农民为宗旨，具有公益性和非营利性的自主团体、协会、服务性组织(王庆华，2014)；将农村社会组织细分为权力组织、服务组织、专业经济协会及附属性组织等(俞可平，2010)；认为农村社会组织具有公益性、互益性、自愿性、公共性、草根性等特征(熊万胜，2015)。其二，农村社会组织在农村社区协商治理中的地位和功能。农村社会组织是村庄治理的内生性组织资源，是农村社会稳定和谐的基础(鲁可荣，2017)；能够促进农民组织化参与、管理、服务、维权，整合农民利益、规约农民行为、保护农民权益等"正功能"；潜含着弱化村庄权威、扩大利益冲突、抢占村庄资源和引发群体性事件等"负功能"(黄辉祥、刘宁，2016)。其三，农村社会组织参与农村社区协商治理的困境和原因。缺乏法律依据和保障、缺乏制度化参与渠道、"官本位"思想阻碍、社会组织能力不足(魏志荣、李先涛，2016)；观念陈旧落后、角色定位偏差、资金瓶颈制约、人才匮乏和管理体制不科学等制约(吴新叶，2013；门献效，2014)。其四，农村社会组织参与农村社区协商治理的路径与对策。明确功能定位、完善法律法规、拓宽资金来源、健全培训体系，加大支持力度(赵晓峰、刘涛，2012)；农村社会组织参与公共危机的应急处置，促进政府与农民合作治理(陈朋、王宏伟，2013；于文、丁文，2016)；强化多元主体塑造、构建协商共治机制、完善公共服务供给机制、健全法治化保障机制、打造现代信息平台等(崔云朋，乔瑞金，2017)。

以上成果为开展农村社会组织参与农村协商社区治理研究提供了经验素材、理论基础和实践借鉴，虽然关注到农村社会组织在农村社区治理中的重要作用，但大多针对具体问题进行论述，缺乏利益机制的逻辑视角，缺乏对农村社会组织参与农村社区治理的组织化利益参与机制、多元化利益供给机制和社会化利益协调机制的系统性研究；缺乏从国家与社会关系的视角，对我国农村社会组织特殊性和农村社区治理复杂性的深度分析，缺乏对“政党—国家—社会—社区—社会组织—农民”的历史性解构和理论性建构，对中国共产党在农村社会组织的培育和发展方面的主导性作用认识不够，对如何在党建引领下发挥农村社会组织参与农村社区自治、法治、德治和共治缺乏全景式研究。

所以，笔者围绕乡村振兴背景下农村社区治理转型的风险挑战，以利益与利益机制为分析视角，基于对农村社会组织参与农村社区协商治理的利益机制的功能论述，紧扣农村社会组织参与农村社区治理面临的制度不完善、体系不健全以及能力不强等突出问题，构建农村社会组织参与农村社区治理的保障性制度、支撑性制度和参与性制度，并处理好“工具理性”与“价值理性”的关系、“吸纳”与“激活”的关系、“赋权”与“规范”的关系，真正发挥“政党—国家—社区—农村社会组织—农民”范式的“纵向整合”和“横向整合”功能。

二是农村社区治理研究。农村社区概念：由共同的农村文化、习俗、信仰、价值观念、消费习惯、基本生活设施、经济社会生活构成的地域空间(项继权，2009)；基于自愿合作形成的社区组织，满足村民的社会化需求，为村民自由自主自治提供制度性平台(徐勇，2010)。农村社区治理的内涵与外延：在行政村内，在基层党组织领导下，以村民自治为平台，推动农村基础设施、环境治理、社会保障和公共产品体系建设(曹锦清，2000)。农村社区治理的内容：村庄基本秩序及维持机制、村干部角色与动力机制、乡村关系结构互动机制(贺雪峰，2005；李增元，2009)；农村社区公共产品供给总量不足、结构失衡、效率不高、主体错位(陈池波，2016；王义保，2017)；农村社会组织参与公共危机的应急处置，促进政府与农民合作治理(陈朋、王宏伟，2013；于文、丁文，2016)。农村社区治理困境与路径：治理主体缺位、主体间缺乏协同、公共产品供给不足、法治保障不到位、现代信息服务滞后等困境；强化多元主体塑造、构建协商共治机制、完善公共服务供给机制、健全法治化保障机制、打造现代信息平台等(崔云朋，乔瑞金，2017)。

三是农村民主协商治理研究。农村民主协商治理的内涵和特征：在基层党组织领导下，通过协商协调农村群体关系，实现农民利益；具有政治正确性、形式多样性、相对平等性、民主效率平衡性、改良嵌入性(季丽新，2017)。农村民主协商治理的功能和作用：推动精英主政向协商治理转型，促进选举民主与协商民主协同(章荣君，2015)；巩固党组织核心地位、防止村干部腐败、培育现代新型农民、维护农村稳定(张国献，2017；王可园，2017)；通过农村协商民主建构理性、成熟的社会是农村民主发展方向(何包钢，2012)。农村民主协商治理的困境和原因：遭遇协商主体"虚置化"、协商渠道"堵塞化"、协商会议"形式化"、协商成本"高企化"、协商监督"短缺化"等困境；公共领域发育不充分、社会组织协商与既有制度之间衔接不畅(谈火生、于晓虹，2017)。农村民主协商治理的方式与路径：完善协商制度及程序规则，保障协商主体的平等，培育农村协商主体的民主素质和协商素养(胡永保、杨弘，2013)；促进乡村经济繁荣、夯实协商基础、完善协商制度、建构协商机制、完善协商法治化路径、发展农村网络协商(马奔等，2017)。农村民主协商治理的实践样态：浙江温岭民主恳谈会、吉林省安图县群众诉求服务中心、四川彭州社会协商对话会议制度等都是农村民主协商治理的实践样态(李靖、李慧龙，2014；李强彬，2015)。

国内外相关成果为更好地开展本课题研究提供了理论、方法、素材和经验，具有一定的学术价值和实践价值，但还存在以下尚待深化拓展的空间：以往研究大多运用西方社区治理、协商民主等理论来分析我国农村社会组织发展、农村社区治理、农村协商民主等现实问题，尚需进一步将西方理论体系和分析范式嵌入我国农村政治制度、经济基础、社会结构和文化传统之中，需要进一步加强对我国农村社会组织参与农村社区协商治理实践经验的总结、提炼和创新，力求建构中国特色的基础理论、分析范式和话语体系。以往研究大多看到农村社会组织在农村社区协商治理中的地位和作用，尚需对农村社会组织的利益机制进行逻辑性建构；不少成果仅把农村社区作为农村基层协商治理的场域和空间，尚需对农村社区的整合机制进行整体性建构；有些成果看到农村社会组织与农村社区协商治理之间的关系，但尚需对农村社会组织参与农村社区协商治理的作用机制进行规范性建构，需要探索创新我国农村社会组织参与农村社区协商治理机制的中层理论。以往研究大多将农村协商治理放在农村民主建设的背景下考量，尚需深化对农村社会组织、农村社区治理、农村协商民主的整合性研究；虽然重视农村民主协商机制的制度化、规范化、程序化建设，但尚需进一步加强农村社会组织协商、农村社区协商、乡镇政府协商、乡镇人大协商的系统性研究，尚需优化农村社会组织协商、农村社区协商、村民自治制度、乡镇人大制度之间的衔接机制，建构农村社会组织参与农村协商治理的机制体系。

本书拟借鉴社会组织、社区治理和协商民主的理论方法，探索以农村社会组织的利益诉求、利益参与、利益协调、利益整合、利益导向、利益保障为利益机制，以农村社区的制度性整合、功能性整合、认同性整合、协商性整合为整合机制，以公共协商、理性沟通、偏好转换、共识认同、理解妥协为作用机制的中层理论，为构建新时代农村社会组织参与农村社区协商治理机制提供理论支撑。①

本书重点围绕农村社会组织、农村社区协商、农村社区治理创新、精准扶贫、乡村振兴等新时代背景，紧扣主体能力、结构功能、关键过程、框架体系和绩效评估等核心要素，建构农村社会组织参与农村社区协商治理的党建引领机制、支撑机制、规范机制、共治机制、动力机制、实施机制、评估机制、监督机制、衔接机制、保障机制，为推进新时代农村社会组织参与农村社区协商治理提供实践机制。

其一，我国农村社区社会组织的结构和数量不均衡。根据“结构-功能”主义理论分析，结构决定功能，功能反作用于结构，农村社区治理体系和治理结构的质量决定治理能力现代化的水平。当前，我国农村社

① 张锋：《乡村振兴背景下农村社区协商治理机制研究》，《上海行政学院学报》2019 年第 6 期，第 82-90 页。

会组织的体系、结构和功能不能满足农村社区治理的迫切需求。

一是农村社会组织的发育不充分。不少乡镇干部、村两委干部仅仅把农村社会组织看作推动农村行政工作的工具和手段，过分强调农村社会组织的“工具价值”，陷入“技术性治理逻辑”的窠臼，忽视农村社会组织的“理性价值”功能，甚至还存在个别干部认为农村社会组织是造成农村社会矛盾的主要推手，不利于农村基层党组织的领导，有畏惧、害怕、担忧农村社会组织发展的错误认识。① 这种理念和认识上的误区直接影响农村社会组织发展的制度环境和生存空间，导致农村社会组织发育很不充分，存在总量不足、结构不优、功能不强等缺陷。

二是农村社会组织的体系不完善。农村社会组织主要包括社区服务类、公益慈善类、文体活动类、专业调处类四类，它们是一个体系健全、结构完整、机制协调的组织体系，协同服务于农村社区治理。但对农村社会组织参与农村社区治理的领域和类型分布结构进行分析发现，社区服务类、公益慈善类、文体活动类的农村社会组织相对较多(文体活动类组织数量占明显优势)，而专业调处类的社会组织最少，导致农村社会组织更多地参与农村社区公共服务的供给，丰富村民的精神文化生活，而事关乡村振兴战略实施和乡村治理有效的参与型社会组织、调解型社会组织、维权型社会组织却严重不足，制约了农村社会组织参与农村社区治理的能力。

三是农村社会组织的结构不合理。笔者基于对上海某区农村社会组织的调查数据分析，发现70%以上登记的社会组织具有官方背景，而真正源于农村社区需求成立的、纯草根的农村社会组织比例非常低，这种结构不利于农村社会组织内生性成长和内涵性发展，不利于农村社区的公共性培育和共同体建构。农村社会组织不仅承担着促进农村社区治理的“工具理性”功能，还肩负着培育农村社会资本，增加农村社会的信任、合作、参与、互动和协商等。调研还发现，农村社会组织还存在

① 门献敏:《在社会治理体系创新中提升农村社会组织公共服务能力》,《学术交流》2014年第8期，第186-191页。

区域上、行业上的分布不均衡、覆盖面比较狭窄、功能的同质化等问题。

其二，农村社会组织参与农村社区治理的能力不强。制度化参与是促进农村社会组织利益机制发挥和治理功能实现的基础和保障，但受乡村治理的体制机制、体现结构、社会环境等影响，农村社会组织参与农村社区治理的深度、动力和渠道有待于强化和完善。

一是参与的深度不够。根据中共中央、国务院《关于加强和完善城乡社区治理的意见》、中共中央办公厅、国务院办公厅印发的《关于加强城乡社区协商的意见》和民政部《关于大力培育发展社区社会组织的意见》，农村社会组织具有提供农村社区服务、促进村民参与、培育社区文化、促进社区和谐等重要作用。但当前农村社会组织的功能大多停留在社区服务层面，而事关农村社区治理体系和能力现代化的自治、共治、法治、德治以及参与公共政策制定、强化社会性监督和推动第三方评价等功能还有待加强，农村社会组织促进村民参与、调解社区矛盾和参与社区协商的机制还不完善。

二是参与的动力不足。草根性农村社会组织大多面临经费压力，更关心自身的生存和发展，主要目标是承接政府服务项目，获得财政资金。真正能扎根农村社区，主动回应村民需求的农村社会组织不多，由于缺乏参与农村社区治理的内生性动力和外部性环境，导致农村社会组织与乡镇政府、村两委、村民等主体的合作互动不够。乡镇政府在转变职能、优化服务、加强监管等方面还不完善，还没有形成激发农村社会组织参与农村社区治理的制度化的培育、激励、规范、监督机制。①

三是参与的渠道不多。受乡镇政府对农村社会组织购买服务经费的控制和乡镇机构条块分割的制约，农村社会组织的参与渠道有限，大多通过承接政府购买服务方式参与社区治理，缺乏制度化参与社区自治、社区决策、社区管理、社区安全以及社区矛盾化解的平台，与农村社区

① 马奔、程海漫、李珍珍：《从分散到整合：协商民主体系的构建》，《中共中央党校学报》2017 年第 2 期，第 64-72 页。

治理主体的合作、协商、互动、共治的方式和渠道不多，制约了农村社会组织参与农村社区治理的效果。要大力强化乡镇党委和农村基层党组织的党建引领功能，发挥执政党统揽全局、协调各方的优势，创新党建主导和引领下的农村社会组织参与农村社区共治、自治、德治、法治的机制体系。

其三，农村社会组织参与农村社区协商体制机制不完善。亨廷顿指出，制度化是组织和程序获得价值观与稳定性的一种进程，政治现代化取得成功的关键正是在于政治的制度化。① 当前，我国农村社会组织参与农村社区治理还面临体制机制的瓶颈：

其一，组织领导体制机制不顺。西方"国家—社会"理论认为，社会的发展发育与国家制度供给存在互动和互构的逻辑关系，而中国特色的社会主义政治实践拓展和丰富了"国家—社会"理论范式，强调"国家—政党—社会—社区"的理论分析范式，突出执政党在推动国家与社会互动中的主导性功能，这是破解我国农村社会组织参与农村社区治理面临的体制、机制、条块、信息等困境的核心维度。当前，与农村社会组织有领导、业务关系的部门有民政部门、社会建设办公室、社团管理局、业务主管部门等，但缺乏明确的部门统筹领导农村社会组织参与农村社区治理，导致"权力的碎片化、信息的孤岛化、机构的重叠化"，典型表现就是基层政府缺少购买农村社会组织服务的统一平台和机制，导致农村社会组织服务供给与乡镇、农村社区、农民的需求之间信息不对称。②

其二，支撑保障机制缺失。一是专业人才匮乏，农村社会组织负责人大多缺乏管理、运营和服务的专业知识，多是兼职人员，专职比例很低，并且受到待遇、机会和环境影响，人员的流动性很大；二是活动经

① Samuel P. Huntington, Political Order in Changing Society. New Haven: Yale University Press, 1968: 18.

② 赵晓峰等：《农村社会组织生命周期分析与政府角色转换机制探究——以鄂东南一个村庄社区发展理事会为例》，《中国农村观察》2012 年第 5 期，第 87-93 页。

费不足，调研发现，除具有官方背景的农村社会组织的经费来自乡镇财政托底，大量草根性的农村社会组织资金来源比较单一，主要通过承接政府购买服务来获得活动经费，经济上的依赖强化了政府对农村社会组织的控制，制约了农村社会组织的服务能力，影响公正性、公益性和客观性。

其三，竞争监督评估机制不畅。由于政府对农村社会组织发展的财政、资源、信息的垄断，在缺乏有效的竞争机制下，农村社会组织容易采用“合谋”和“俘获”的策略，以此获得生存、成长的条件和环境，导致农村社会组织参与农村社区治理的活力、动力和能力不足。官方的垄断会带来供给导向的“行政思维、长官意识和部门利益”，如果缺乏以服务对象(村民)为主体的监督机制以及专业、独立的第三方评估机制，农村社会组织发展将陷入“霍布斯的丛林”，农村社会组织参与农村社区治理就丧失了应有公正性、合法性和激励性。

所以，应高度重视农村组织在农村社区协商治理中的地位、功能与机制研究，总结梳理农村社会组织的特点、类型、数量、结构等基本情况，围绕农村社区协商治理的实际困境，探索农村社会组织参与农村社区协商治理的体制机制，发挥农村社会组织在基层党委政府、村两委组织、村(居)民等多元主体之中的桥梁、纽带作用，强化多元主体的协商、沟通、合作和互动，充分借鉴现有乡村治理的制度资源、法律资源和文化资源，推动农村社会组织协商、农村社区协商、乡镇党委、政府、人大协商等之间的联动和衔接。

四、风险社会理论

(一)有关风险和风险社会的定义

关于风险定义的研究体现在多种学科领域，其中有代表性的定义主要有以下几类：第一，从经济学的角度采用成本收益的逻辑，分析风险带来的伤害，但忽视了风险可能带来的社会收益。第二，人类学者和文化学者玛丽·道格拉斯和维尔达沃斯基将风险定义为一个群体对危险的认知，它是社会结构本身具有的功能，作用是辨析群体所处环境的危险性，强调了风险的主观性和建构性。第三，社会学者贝克和吉登斯将风险定义为"一种应对现代化本身诱发并带来灾难与不安全的系统方法。与以前的危险不同的是，风险是具有威胁性的现代化力量以及现代化造成的怀疑全球化所引发的结果。风险及其结果在政治上具有反思性"。[①] 贝克和吉登斯既强调风险的认知性、主观性、建构性，也认同风险的客观性、物质性和现实性，认为风险是一种"虚拟的现实，现实的虚拟"。[②] 贝克和吉登斯特别关注了技术和制度引发的风险，认为这是相对于传统意义上风险的一种革命。吉登斯指出："风险则标志着与过去的决裂和面对未知的未来的努力。"他进一步指出："伴随着风险类型逐渐由'外部风险'向'人造风险'的转移以及'人造风险'的普遍扩散。"

关于风险社会的研究，不同学科的学者给出了不同的界定和建构。第一种是现实主义者，以劳的"新风险"理论为代表，他们认为风险社会的出现是由于出现了新的、影响更大的风险，如极权主义增长、贫富分化、核危机、金融风险等。第二种是在文化意义上，拉什认为风险文化并不像风险社会所说的那样假定有一个确定性的、制度化的社会秩序状态，而是假定有一个需要通过自然调解的非确定性的无序状态。这样风险文化就不是依存于确定性的、程序性的规则和规范，而是与非制度性的和反制度性的社会状态相联系，依靠其实质意义上的价值传播。第三种是制度主义上的风险社会，以贝克、吉登斯为代表。[③] 贝克指出："当代社会的风险问题在本质上体现为社会性、集团性和结构性。"现代化在现实领域中的体现为人为风险增加，在认识领域中体现为社会反思性增强。

---

① ［德］莱纳·沃尔夫：《风险法的风险》，载刘刚：《风险规制：德国的理论与实践》，陈霄译，法律出版社2012年版，第39页。

② Ulrich Beck. World Risk Society. London ：Polity Press，1999：136.

③ 杨雪冬：《风险社会与秩序重构》，社会科学文献出版社2006年版，第134页。

(二)风险社会理论与农村社区协商治理逻辑

贝克认为风险社会理论具有以下特点:(1)风险造成的灾难不再局限在发生地,而经常产生无法弥补的全球性破坏力,因此风险计算中的经济赔偿无法实现;(2)风险的严重程度超出了预警监测和事后处理的能力;(3)风险发生的时空界限发生了变化,甚至无法确定,所以风险计算无法操作;(4)灾难性事件产生的结果多样,使得风险计算使用的计算程序、常规标准等无法把握。①

以上观点高度契合了我国农村社区公共安全风险的特点,当前,随着农村社区转型加速,利益主体、人口结构、价值观念逐渐复杂化,农村社区公共安全风险主要包括社会公共安全风险、公共卫生风险以及生态环境风险,并且相关公共安全风险之间具有叠加性和传播性。如2020年新冠肺炎疫情对农村社区治理带来严峻的挑战,针对这类重大公共卫生事件的治理,就需要强化农村社区协商治理的体系和机制。其一,重大突发公共安全事件对农村社区协商治理体系提出更高的要求。如新冠肺炎疫情具有传播性、危害性和不确定性,需要动员整个农村社区的主体和资源,农村社区每个居民都积极参与才能更好地防控疫情蔓延,传统的党政动员社区的模式只能解决覆盖面的问题,真正深度的动员社区成员还需要农村社区的自我动员模式,尤其是农村社区中自组织的动员更具持久性和有效性。提升农村社区自组织的参与机制需要完善农村社区协商治理体系,在农村社区党政引导下充分发挥社区自治组织、社会组织、群团组织的功能,引导社区居民积极参与新冠肺炎疫情防控的宣传、防控、协同等,形成农村社区公共安全风险的协同响应机制。其二,重大突发公共安全事件对农村社区协商治理能力提出挑战。重大突发公共安全事件具有很强的专业性、技术性和复杂性,它事关农村社区居民的切身利益和社区公共利益,但针对这类公共安全风险,农

① [英]斯科特·拉什:《风险社会与风险文化》,王武龙编译,《马克思主义与现实》2002年第4期。

村社区居民往往难以从科学、理性的角度进行参与治理，即使基层党委、政府或村两委组织的宣传、引导，也难以消解农村社区居民的迷惑、不解和不信任。如经常见诸媒体的农村环境邻避型群体性事件的治理，就不仅仅是一个简单的科学性问题，它还事关价值层面、伦理层面、民主层面的多重因素。面对农村环境邻避型项目，农民不仅仅追问该项目是否科学，排污技术和标准是否合法或达到安全水平，他们可能会追问，为什么该项目要放在我们社区，而不是城市社区，抑或其他区域？针对这样的诘问，基层党委政府该怎么回应呢？现在看来常规的做法大多是，农民经过抗争、诉诸媒体等，对基层党委政府造成压力，迫使该项目终止。这种回应模式会带来巨大的制度负外部性，损害党委政府的公信力和权威，导致前期大量项目投入浪费等。针对农村社区公共安全风险的挑战，应完善农村社区协商治理机制，在项目启动时即通过听证会、论证会、协商会等听取居民意见建议，回应居民对项目风险的担忧，强化对居民社区利益的增益和保障，既向农村社区居民提供项目安全性的信息，也通过民主协商、社区参与，强化多方主体的沟通、谈判和理解，尊重农村社区居民的知情权、表达权、参与性、监督权。通过农村社区协商治理机制，提升农村社区邻避项目决策、执行、监督的公开性、民主性、参与性，兼顾“工具理性”与“价值理性”的统一。

(三)风险社会视域下农村社区协商治理研究

自工业革命之后，社会生产力的发展使人类个体的能力极大提高，以至于用一己之力就足以影响世界，而且此时人类的经济、政治和文化都发生了相对于以往的彻底改变，部分社会学家们将这种变化称为“现代性”。[①] 现代性最初主要发生在生产工具上，引起了社会物质生活的现代性，随着物质生活上的现代性的发展，高级形式的现代性开始发生，由现代制度对传统制度的替代逐步展开。但是这个过程中产生了由

① [英]安东尼·吉登斯、克里斯多弗·皮尔森：《现代性——吉登斯访谈录》，尹宏毅译，新华出版社 2001 年版，第 79 页。

现代性所带来的问题，一方面是由于新事物取代传统事物的过程中出现了一些不协调的情况；另一方面则是新事物自身的特征所引发的一些现代性问题。对这一情况，最早针对物质生活现代性问题发声的是贝克，他提出了以生态为中心的风险社会理论，① 随着这一理论传入英国，吉登斯则提出了以制度为中心的风险社会理论，强调现代社会制度特征所带来的风险。② 在吉登斯之后，凡·普里特威茨(Von Prittwitz)则提出了文化意义上的风险社会学理论。作为对吉登斯制度意义风险社会理论的超越，凡·普里特威茨认为风险社会并非贝克和吉登斯所主张的制度化的事实，而是一种无顺次的混乱状态。如果说有制度化的风险社会状态存在，那也仅存在于人类的认识当中，而且这种认识还会因为不同的文化观念而有所区别。虽然不同学者有不同的认识，但是有一点是共同的，即作为现代性后果的风险社会是真实存在的，其带的社会问题是前所未有的新问题。风险社会理论的嬗变并非仅是争论意义上的不同表达，更是人类认知的不同层面的表现。

当下，强化农村社区风险的协商治理需要从以下三个方面着力：

一是推动农村社区风险协商治理的主体协同化。随着农村社区转型的加剧，农村社区风险呈现出复杂性特征，具有农业文明时代风险、工业文明时代风险以及后工业时代风险的多重逻辑，政府在应对农村社区风险时面临信息约束和资源制约，针对大量的个体化、分散化的农村社区居民，在面对重大风险冲击时，单纯依赖基层政府既无法有效防控风险，基层政府也缺乏足够的资源和能力，必须引导农村社区中基层党组织、村民自治组织、社区组织、企业、居民等多元主体协同参与，共同应对农村社区突发重大风险。

二是促进农村社区风险协商治理的价值民主化。农村社区风险不再仅仅停留在传统的农业文明和工业文明时代，大量农村社区风险兼有后

---

① ［德］乌尔里希·贝克：《风险社会》，何博闻译，译林出版社 2004 年版，第 62 页。

② ［英］安东尼·吉登斯：《现代性的后果》，禾田译，译林出版社 2000 年版，第 71 页。

工业时代的特征。如农村社区环境邻避事件的协商治理就是一个典型后工业化时代风险案例，村民不仅仅关心环境邻避项目客观上可能对农村社区、村民带来风险、破坏，而且关注村民环境权、社区发展权等，村民很容易会追问，为什么要将这类环境项目建在我们的社区。同时，关于农村社区环境邻避项目的风险，村民也不会完全相信政府、专家等传统的权威，他们更容易听取第三方的意见以及他们自己对环境邻避项目的体验和体会。面对这样的农村社区环境邻避风险，传统的政府治理模式难以奏效，且成本巨大。而协商治理却能很好地兼顾环境邻避风险客观性、主观性、建构性和民主性，通过农村社区多元主体的参与、协商、互动、合作，促进彼此之间的信任、理解和认同，更好地化解农村社区环境邻避事件。①

三是完善农村社区风险协商治理程序规范化。农村社区风险协商治理是对乡村治理权力（权利）、治理主体、治理结构的重构和优化。如何实现农村社区协商治理与农村社区现有的法律、法规、制度实现衔接？如何保障农村社区协商治理兼顾多元主体的利益，致力于农村社区的公共利益、公共理性和公共文化培育？我国是一个行政主导型国家，面临“强政府、弱社会”“大政府、小社会”的制度环境，农村社区居民的组织化水平、利益诉求能力、协商沟通技巧都需要提升和完善。应完善农村社区协商治理的程序、流程、过程、机制，确保农村社区多元化的利益得到充分表达，不同主体之间进行充分协商，并且协商的内容、协商的程序、协商的结果等应符合现有法律、法规和制度的要求，避免农村社区协商的“合法性风险”，如个别农村社区出现以“协商议事会”代替村民代表大会、村民大会，事实上违反了《中华人民共和国村民委员组织法》，其协商治理的结果不具有法律效力。

综上所述，农村社区协商治理的基础理论主要有协商民主理论、治理理论、社会组织理论、风险社会理论等，在借鉴以上理论范式和分析

---

①　张锋：《乡村振兴背景下农村社区协商治理机制研究》，《上海行政学院学报》2019年第6期，第82-90页。

方法时，要历史地、全面地、系统地回顾其产生的时代背景、面临的突出问题、存在的瓶颈约束，更多地借鉴它们的分析方法来解释当下中国农村社区协商治理的实际问题，而不是简单照搬这些的观点和话语。同时，协商民主理论、治理理论、社会组织理论以及风险社会理论之间也具有一定的关联性和耦合性，在具体运用这些理论研究农村社区协商治理时，要坚持整体性、协同性和系统性的思维，并结合中国农村社区协商治理独特语境、体制机制、文化环境等，力求探索中国农村社区协商治理的历史规律、功能逻辑、制约因素及其系统建构。

第二章　农村社区协商治理的历史演进

中国农村社区协商治理长期受西方“国家—社会”范式、“协商民主”范式、“治理理论”范式和“新公共管理”范式影响，导致中国农村社区协商治理研究更多的处于跟随、膜拜和迎合状态，具有碎片化、脸谱化、分裂化的倾向，缺乏对中国特色的农村社区协商治理理论和实践的总结、归纳、提炼和建构。① 本章基于对中西农村社区协商治理语境异同的比较分析，梳理中华人民共和国成立以来中国农村社区协商治理的演进轨迹，总结中国农村社区协商治理主要特征，并从整体性研究、风险性研究、公共性研究和本土性研究等方面对中国农村社区协商治理未来趋势进行了展望思考。

一、农村社区协商治理的独特语境

“国家与社会”理论是西方研究农村社区协商治理的基本范式和方法，该理论主张，国家与社会是两个分立的结构性实体，两者具有矛盾、对立和互动的关系，两者通过竞争、对抗和博弈实现合作。根据国家与社会两者的竞争关系、合作关系和冲突关系，分别形成研究农村社区协商治理、社会冲突和社会整合的三种框架：多元主体、法团主义、社会运动。② 该理论强调培育不受政府干扰的独立的社会组织，主张利

① 吴新叶：《中国社会治理话语体系的当代建构》，《中国高校社会科学》2018 年第 3 期，第 87-95 页。

② Charles Tilly. *From Mobilization to Revolution*. New York：Random House，1978：70.

用社会力量来建构公共领域、公共话题、公共议程，以此来影响国家的政策走向。国外协商治理理论是建立在国家与社会二元分立、对立和对抗的基础上，它们之间的协商更多地表现为一种博弈、制衡和监督。而中国的农村社区协商治理是建立于国家与社会深度融合的基础上，政党、国家、社会的关系具有特殊性，中国共产党是执政党和领导党，中国农村社区协商治理是在执政党的领导下，由政府负责和主导，坚持以人民为中心，坚持走群众路线，政党通过政府来培育社会和发展社会组织，国家与社会的一种相互融合和良性互动的关系，不管是中央层面的政治协商，还是基层社区的协商治理，都是在中国共产党领导下实施的，党的领导既是我国协商治理的鲜明特色和制度保障，也是我国协商治理的最大优势。2015 年，中共中央印发《关于加强社会主义协商民主建设的意见》，对新形势下开展政党协商、人大协商、政府协商、政协协商、人民团体协商、基层协商、社会组织协商等进行全面部署，要求推进社会主义协商民主广泛多层制度化发展。所以，中国的协商治理贯穿于党政、政府、人大、政协、人民团体、基层协商、社会组织协商之中，同时各个层面的协商制度之间也具有良好的互动协商机制，充分激活了协商治理的制度优势，又在中国共产党的统一领导下推进广泛、多层协商，避免协商治理的"效率风险"和"共识难题"，坚持民主与集中相统一。

西方关于协商治理的理论体现为协商民主理论和治理理论，协商民主理论主要以哈贝马斯为代表，他强调通过公共领域的构建，强化社会组织之间的协商，在协商的过程实现观点、偏好的转变，促进公共话语体系的形成，以公共舆论形成政府的公共政策和立法，实现协商理性、公共理性和制度理性。关于西方治理理论，自世界银行 1989 年在《撒哈拉以南非洲：从危机到增长》报告中第一次提出治理危机，治理作为一个学术概念和理论范式，受到了西方政治学、社会学、管理学等学科的高度重视，形成一系列关于农村社区协商治理研究的成果。在西方的语境下，治理是各种公共的或私人的个人和机构管理其共同事务的诸多方式的总和。它具有四个方面的突出特点：其一，治理不是一套规则或一个活动，而是一个关于公共事务解决的连续过程；其二，治理的基础不是强制和控制，而是建立在程序下的协调和协同；其三，治理的主体既包括公共部门，也包括私人部门；其四，治理不是一种正式的制度，而是持续的互动和协商。① 西方治理理论是建立在国家与社会二元分立的前提下，国家与社会具有比较清晰的权力边界，并且社会已经形成大量成熟的社会组织，该理论主张在去国家(政府)的背景下，社会能够通过自我组织来实现农村社区协商治理，社会自组织能够解决社会中的公共事务，克服社会集体行动的困境，它强调社会的自我约束和自我规范。在西方治理语境下，国家是一个抽象的存在，政府具有均质性，政党是农村社区协商治理中的普通参与者，社会组织在法律框架内参与社区公共物品的供给、社会利益的协同以及社会公共性的建构。而中国农村社区协商治理呈现出迥异的特征，首先是主体地位的非对等性，执政党居于领导核心，政府处于主导地位，社会组织处于协同地位，公众处于参与地位。其次是结构上的非均衡性。政党、政府不是一个抽象的均质的存在，而是蕴含着复杂的逻辑关系和运行机制；最后，法治在农村社区协商治理中扮演着规制的角色，是农村社区协商治理主体的权力、责任、权利、义务、行为、边界的规范和保障。②

西方新公共管理理论是针对传统公共管理理论的困境和挑战应运而生的，为了克服政府作为国家公共物品唯一供给者而导致的公共服务危机，新公共管理理论探索公共服务供给的多元化机制，强调市场主体、社会主体参与公共服务的生产和供给，形成政府、市场、社会等多元主体合作模式。该理论对农村社区协商治理产生了重要的影响，政府逐渐退出公共服务领域，重视采用市场化、信息化和地方化的方式来化解社会问题。而中国农村社区协商治理一方面积极借鉴新公共管理理论，推动公共服务的市场化、社会化、信息化等，激发社会资本参与公共服务

---

① 俞可平：《治理和善治引论》，《马克思主义与现实》2012 年第 2 期，第 3-5 页。

② 李友梅：《中国社会治理的新内涵与新作为》，《社会学研究》2017 年第 3 期，第 27-34 页。

供给；另一方面，政府并没有减少对公共服务的关注，而是逐年增加政府公共服务预算和投入，并且优化了政府与市场、社会在公共服务供给中结构性配置，实现了政府在基本公共服务均等化供给中的基础性作用，以及市场和社会在公共服务精细化供给中的补充性作用。①

尤其是针对作为农村社区公共秩序、公共价值、公共精神的公共物品供给，协商治理具有更大的适应性。通过农村社区多主体之间的协商治理，培育农村社区资本，激发农村社区内生的自发秩序，以农村社区公共性的建构，密闭政府和市场对农村社区无形公共物品的供给和生产，降低农村社区公共物品供给的成本，完善农村社区内生性公共物品的生成机制。②

中国农村社区协商治理面临的制度、环境具有复杂性、艰巨性和多样性。首先，中国农村社区协商治理是从计划经济背景下，国家对社会总体性支配的前提下开始的，快速市场化改革带来了一系列的社会矛盾和冲突、社会风险等。这些风险运用传统手段无法有效应对，如农村生态环境的风险，它作为一种新型风险，兼顾主观性、客观性，又具有专业性、复杂性和系统性。政府和市场均存在环境风险治理的制度性缺陷，如果通过农村社区协商治理机制的建构，通过农村社区社会组织的参与，发挥农村社会组织在政府、市场、社区、村民多元主体之间的协商、沟通和合作优势，既可以破解农村环境风险的主观性难题，也有利于构建多元主体协商治理农村社区环境风险的制度。③

其次，中国农村社区协商治理面临的环境存在严重的非均衡性。中国农村社区区域之间经常差异巨大，东、中、西部农村在政治、经济、社会、文化、生态等方面存在严重的非均衡性。比如北京、上海、浙

---

① 王丽萍等：《中国社会治理的两副面孔——基本公共服务的视角》，《南开大学学报(哲学社会科学版)》2016 年第 3 期，第 93-107 页。

② 谢安民等：《重建乡村共同体：从村民自治到社区自治》，《浙江社会科学》2017 年第 9 期，第 98-106 页。

③ 赵旭东：《闭合性与开放性的循环发展——一种理解乡土中国及其转变的理论框架》，《开放时代》2011 年第 12 期，第 99-112 页。

江、江苏等发达省市的农村区域已经高度城镇化，农村社区呈现出很多中西部农村社区不具有的特征。不同区域的农村社区人口结构、就业结构、收入结构、产业结构、组织结构、文化结构等差异较大，在这样的背景下统筹推进农村社区协商治理，需要采取分层、分类、分布的策略，力求探索农村社区协商治理的基本规律和运行机制，又要兼顾不同区域农村社区协商治理的特殊性和差异化，提升农村社区协商治理的针对性和实效性。①

最后，中国农村社区协商治理正处于百年未有之大变局，整个中国都处于大转型、大变革之中，农村社区协商治理也应在全球化的大背景下来思考。以风险矛盾为例，农村社区面临的风险就呈现出多元化的特征和趋势，既有传统的社会稳定风险，还具有后现代性特征的新型风险，如 2020 年爆发的新冠肺炎疫情就是一种新型的公共卫生风险，新冠肺炎具有很强的传播性、流动性和危害性，针对这类新型风险的社区治理，为农村社区协商治理的价值注入了新的内容和元素。协商治理不仅仅解决农村社区治理决策、执行、管理、监督等方面的难题，还具有强化农村社区的公众参与、民主协商、理性精神、公共文化、合法性等多重价值诉求，更根本地说，农村社区协商的大背景为协商治理赋予更多的内涵和意义，甚至为农村社区协商治理的结构的优化、机制的创新、文化的形塑提供了契机和条件。中国农村社区协商治理同时面临全球化的冲击、传统文化的凋敝、价值观多元化的时代背景，西方的意识形态、价值观和文化对中国农村社区协商治理带来种种不确定性和风险，中国农村社区协商治理改革处于农业社会、工业社会和后工业社会多重形态和风险冲击之下，这也是中国特色农村社区协商治理迥异于西方发达国家的重要因素之一。②

---

① 张锋：《乡村振兴背景下农村社区协商治理机制研究》，《上海行政学院学报》2019 年第 6 期，第 82-90 页。

② 陈伟东：《社区行动者逻辑：破解社区治理难题》，《政治学研究》2018 年第 1 期，第 103-106 页。

二、农村社区协商治理的演进轨迹

20世纪80年代，西方学术界兴起协商民主研究，协商民主在政治学、社会学等领域出现代表性的学者，如哈贝马斯、吉登斯、罗尔斯、米勒等，都开始关注协商民主的理论逻辑与制度价值，并形成了比较系统的学术框架和理论观点。但从当时整体上分析，进行协商民主研究的主要是政治学者，如澳大利亚著名学者德雷泽克提出，协商协商民主具有悠久的传统，只是一直没有上升到理论体系的层面；科恩从公民参与、合法性与决策等角度完善了协商民主概念的内涵及其动力机制；曼宁指出，政协协商的观点主要有以下几个方面：一是协商不同观点比较互动的过程；二是协商过程既可以是个体之间的，也可以是集体之间的，主要是通过商谈、沟通促进理性的形成；三是政治协商是以公众平等参与为基础，并且协商民主的过程是对公民的一种教育和培训；四是协商民主并不排斥选举性民主，协商与投票并不矛盾，它们之间存在结构性互动关系；五是协商只是一种解决问题的方式和机制，它并不是最优的方案，但却是一个各方都比较能接受的方案。后续的协商民主研究更加强调对协商民主的整体性研究、协调性研究、实践性研究，尤其关注实践领域的协商民主机制，探索通过协商民主的实践机制推进更加“真实”的民主。①

基于对协商民主理论的发展脉络分析，可以看出我国协商民主理论研究具有很强的移植色彩和跟随痕迹。我国自古就有协商的文化价值传统，如“和实生物，同则不继”“君子和而不同”“和为贵”“和则一，一则多力，多力则强，强则胜物”“大道之行也，天下为公”“致中和”，等等。在我国协商民主发展的过程中，可以说一开始从政治层面就存在中国政治协商制度，但从治理的角度研究，协商民主却直到2003年才开

① 张国献：《社会主义乡村协商治理：现实逻辑、制度导向与实践旨题》，《理论探讨》2017年第1期，第148-153页。

始出现。当时俞可平教授在《学习时报》(2003 年第 166 期)发表了《当代西方政治理论的热点问题》，第一次从理论上提出协商民主。[①] 所以，我国从 1949 年开始就存在政治协商制度，但是从治理维度研究协商民主、协商治理却经过了一个漫长的过程，更不用说基层协商治理的理论研究和实践探索。所以，下文对我国农村社区协商治理历史脉络的分析，在 1949—2002 年这个重要的时间阶段，主要从农村社区治理的角度来论述。治理本身也兼顾某种程度上的协商，可以从一个独特的视角来反思中国协商民主的文化土壤和制度环境，为我国农村社区协商治理的发展提供理论基础和实践支撑。

(一)总体性支配阶段(1949—1978 年)

1949 年后，为了打破西方对中国的政治遏制、经济封锁和军事威胁，中国学习借鉴苏联模式，经济上以计划经济为基础，形成高度积累的经济政策和资源配置体制，国家垄断了社会财富的分配权。与此相对，在社会领域，国家建立了“单位制”，单位成为社会基础组织化的微观主体，国家通过“国家-单位-个体”体制实现了对社会的纵向控制；在城市区域建立以地域为基础的“街居制”，推动国家实现对社会的横向控制，强化国家对居民生活的领导、控制和规训。[②]

在农村，农业的社会主义改造又叫农业合作化运动。从 1951 年 12 月开始，党中央颁发了一系列的决议，规定了我国的农业社会主义改造的路线、方针和政策，到 1956 年底，农业社会主义改造在经历了互助组、初级社、高级社三阶段后基本完成，全国加入合作社的农户达 96. 3%。后来建立人民公社制度，实施政社合一，将农民和农村社会完全整合进国家体系。同时，通过户籍制度，加强对农村人口流动的管制，并推行城乡双轨制。这一系列制度安排形成了农村社区总体性支配

① 俞可平：《当代西方政治理论的热点问题》，《学习时报》2003 年第 166 期，第 4 版。

② 高强：《健全现代乡村治理体系的实践探索与路径选择》，《改革》2019 年第 12 期，第 26-36 页。

的机制，迅速地实现了对整个农村社会的全面掌控，重建了社会秩序，但却严重压缩了社会发展的空间，制约了社会自组织能力。① 在这一阶段，农村社区基本上处于党政完全性支配阶段，农民在经济、社会、文化等方面完全融入当时的政治体系和社会运动之中。

总体性支配阶段的主要特征为：国家有强烈的改造、重建和控制社会的愿望和冲动，并以马克思主义意识形态、单位制、人民公社、街居制、户籍制度等组织制度、社会运动来动员社会、变革社会。整个社会处于政党和国家的严密管理之下，通过意识形态宣教、组织制度建构、政治社会运动等途径有效实现了国家政权渗透到社会的每个角落，重建了社会秩序，促进了社会稳定，但却限制了社会的活力和动力，并对后来的农村社区协商治理变革产生了深远和重大的影响。

（二）渐进性调整阶段（1978—1992 年）

自 1978 年党的十一届三中全会以来，改革开放率先在农村展开，农村政社合一的人民公社制度瓦解，“单位制”逐渐消解，农村出现以村民自治制度来弥补人民公社退出后农村基层政权空白。1982 年《宪法》明确规定了基层群众自治制度，为村居自治奠定了宪法基础。我国《村民委员会组织法》（试行）和《城市居民委员会组织法》的重新颁布，1982 年修订颁布的《宪法》第 111 条，规定“村民委员会是基层群众自治性组织”，使基层群众自治制度逐步实现法制化、规范化和制度化。国家对民间组织的管理实施双重管理制度，社会发展已经成为国家规划的内容，可以说，伴随着经济体制改革的深入，社会领域呈现渐进性调整的特点，但总体上依然实施双轨制，人口调控和管理制度依然是城乡分割，国家高度重视社会治安的综合治理。②《民政部关于印发〈全国农村村民自治示范活动指导纲要（试行）〉的通知》（民基发〔1994〕5 号 1994

① 陈鹏：《中国社会治理 40 年：回顾与前瞻》，《北京师范大学学报（社会科学版）》2018 年第 6 期，第 12-27 页。

② 陈鹏：《中国社会治理 40 年：回顾与前瞻》，《北京师范大学学报（社会科学版）》2018 年第 6 期，第 12-27 页。

年2月4日)，进一步从“村民自治”到“四个民主”——民主选举、民主决策、民主管理、民主监督，全面推进村级民主选举、村级民主决策、村级民主管理和村级民主监督。从村民自治到四个民主，实质上已经激发了农村社区协商治理的要素和结构，在农村民主实践的过程中也不同程度地体现协商治理的内容。①

渐进性调整阶段的主要特征为，农村社区协商治理尚缺乏独立的概念话语，农村社区治理实践处于分散、割裂和碎片化的状态；社会发展的目标是服务经济发展和经济体制改革，处于从属地位。虽然农村社区治理在经济体制改革的过程中也得到一定的发育和成长，但行政化色彩浓厚，带有鲜明的计划体制痕迹，城乡二元体制依然存在，并制约了社会的发育、成长，农村社区治理处于一种附属于经济发展与改革的渐进性调整阶段。但是，在这一阶段中，村民自治制度实践为农村社区协商治理的发展提供了社会环境和文化基础，通过村民自治过程的推进，在一定程度上推动了农民之间的协商、合作和互动。

(三)结构性优化阶段(1992—2002年)

自邓小平南方谈话和党的十四大召开以来，国家明确了建立社会主义市场经济的改革目标，经济体制改革深入推进，为了促进经济发展、减轻企业负担，在医疗、卫生、住房等公共服务领域出现了过度市场化改革倾向，一方面进一步消解了传统的单位制，而另一方面也导致事关群众生活的社会福利水平的降低，引发了大量“上学难、看病难、住房难”等社会问题，尤其是广大农村社区。为破解快速市场化改革带来的不利影响，国家强化农村社区建设，通过开展社区建设和社区服务，形成以社区治理为核心的农村基层治理体制，避免快速市场化改革导致农村社会的崩溃。针对民间组织管理，通过法律法规的修订、完善，初步形成了分类管理的制度；国家高度重视农村社区管理工作，社会管理成

① 党国英、卢宪英：《新中国乡村治理研究回顾与评论》，《理论探讨》2019年第5期，第5-14页。

为政府的基本职能，为未来深化农村社区治理体制机制改革提供了制度环境和法律支撑。部分农村区域开展探索协商治理的体制机制，如1999年浙江温岭在松门镇进行民主恳谈试验，而后又将民主恳谈与人大制度相结合，在国内率先进行了参与式预算改革，引起了国内学者和政府部门的关注，并将温岭以民主恳谈为核心的基层民主实践称为“温岭模式”。①

结构性优化阶段的主要特征为，市场化逻辑已经成为改革的基本遵循，为农村社区治理带来不利影响，导致人民公共服务和民生领域质量下降，群众的获得感下降，人民对农村社区治理体制改革的呼吁与日俱增。② 为应对快递市场化的负面影响，国家加大对农村社区治理的重视和投入，农村社区治理相关的法律法规得到了完善和发展，一系列关于农村社区治理和社会民生的法律、法规得到制定和通过，如我国《劳动法》《老年人权益保护法》《村民委员会组织法》《社团登记管理条例》等，为推动农村社会领域的改革、创新提供了法律、法规的保障。

（四）主体性形成阶段（2002—2012年）

随着市场经济体制改革的深入，经济发展与社会发展的不平衡问题日益突出，农村社区治理的短板已经成为制约经济发展和社会稳定的关键因素，甚至发生一系列群体性抗争行为，来抵制市场对社会的挤压和冲击。尤其农村社会稳定与干群关系已经成为党委政府的重要工作，严重影响了党在农村基层的公信力和权威性，加强农村社区管理刻不容缓。2008年，为解决汶川大地震灾后重建难题，邛崃、彭州、都江堰等地的村民创造了村民议事会，得到了成都市委的肯定并于2009年在

① 张露露：《乡村治理中协商民主的实践形式：比较、问题与对策——基于我国东中西部地区四个典型案例的分析》，《中州学刊》2019年第4期，第1-7页。

② 冯兴元：《乡村治理关键在于实现善治》，《华中师范大学学报（人文社会科学版）》2017年第5期，第7-10页。

全市推广，形成颇具特色的"成都模式"。①2004 年党的十六届四中全会提出了"党委领导、政府负责、社会协同、公众参与"的社会管理格局。为了缓解过度市场化对社会福利造成的不利影响，国家加强保障和改善民生，强化社会民生领域的投入和支出，推进城乡基本公共服务均等化，完善政府购买服务的机制，一些社会领域的重要法律被制定通过，如我国《社会保险法》《就业促进法》等。社会管理创新上升为国家的重要议题和重大战略，2011 年 7 月，第一个关于社会管理的中央文件《中共中央国务院关于加强和创新社会管理的意见》制定下发，标志着社会管理的主体形态已经基本形成。②

主体性形成阶段的主要特征为，农村社会建设作为独立的内容成为中国特色社会主义事业的重要组成部分，农村社会建设与经济建设成为一个并行的话语概念。国家在农村社会建设、社会管理、农村社区治理中的主导性作用明显，政府在农村公共服务、民生领域的支出较大增加，但农村社会管理具有较强的"维稳"的政策导向，社会政策在农村社区治理中的地位和作用越来越重要。③

（五）内涵性发展阶段（2012 年至今）

党的十八大以来，中国特色社会主义进入新时代，中国农村社区协商治理也进入新时代，并赋予了农村社区协商治理新时代内涵。党的十八届三中全会明确提出农村社区治理体系和治理能力的现代化，农村社区治理被正式写入党的文件，并提出完善"党委领导、政府负责、社会协同、公众参与、法治保障"的农村社区治理格局；改进农村社区治理的方式，坚持系统治理、坚持依法治理、坚持综合治理、坚持源头治理。党

① 张露露：《乡村治理中协商民主的实践形式：比较、问题与对策——基于我国东中西部地区四个典型案例的分析》，《中州学刊》2019 年第 4 期，第 1-7 页。

② 王勇：《改革开放以来中国社会治理创新的历史考察》，《科学社会主义》2013 年第 6 期，第 102-106 页。

③ 张锋：《基于理性视角的群体性事件比较研究》，《延边大学学报（社科版）》2009 年第 4 期，第 33-37 页。

的十八届五中全会提出加强和创新农村社区治理，推进农村社区治理精细化，构建全民共建共治共享的社会格局，推动农村社区治理制度的并轨改革，如户籍制度、基本医疗制度、养老金制度、人口生育制度，等等，建立健全社区治理体系和治理能力，健全现代社会组织管理体制，加快社会信用体系建设。如 2014 年 4 月，为应对利益关系复杂背景下群众不理解基层政府工作等问题，临海市委在白水洋镇、括苍镇、沿江镇三镇开展基层协商民主试点工作：一是搭建村、镇两级民主协商议事会平台；二是搭建“同心会客室”平台；三是搭建网络互动平台。临海市重点围绕决策性协商、调处性协商、执行性协商和监管性协商四类协商，配套建立民主提事机制、民主议事机制、民主监事机制和民主理事机制，以提升农村社区协商治理的针对性、实效性和满意度。①

内涵型发展阶段的主要特征为，强化农村社区协商治理必须坚持以人民为中心，以共建共治共享为目标，建构政府治理、社会调解、居民自治之间的良性互动关系；坚持宏观制度改革与微观机制优化同步推进，坚持增量改革与存量改革协同推进；更加注重法治在推进农村社区协商治理改革创新中的保障性作用；更加注重民生导向、基本公共服务均等化，强调社会的共建、共治、共享。②

三、农村社区协商治理的主要特征

（一）农村社区协商治理主体：一核多元

中国农村社区协商治理历程就是逐渐从总体性支配转向内涵性发展的历程，最突出的特征就是农村社区协商治理主体走向多元，由原来以政党、政府为代表的国家对社会和个人的权利（力）、信息、流动、机

① 张露露：《乡村治理中协商民主的实践形式：比较、问题与对策——基于我国东中西部地区四个典型案例的分析》，《中州学刊》2019 年第 4 期，第 1-7 页。

② 龚维斌：《新时代中国社会治理新趋势》，《中国特色社会主义研究》2018 年第 2 期，第 5-11 页。

会等资源的完全垄断转向政党、政府、企业、社区、社会组织、个人等多元主体的合作共治。但受西方“国家与社会”理论范式、“治理理论”范式和“协商民主”范式的影响，大量关于农村社区协商治理的研究成果，更多地强调国家与社会的分立和对抗，认为农村社区协商治理主体是基于二元结构下的多元化，社会与国家是相对应的独立体，两者具有均质性和同质性。

而中国特色社会主义农村社区协商治理实践却展现了中国农村社区协商治理主体多元化具有的本土化特征和政治性逻辑，农村社区协商治理多元主体不是一种简单的二元结构和均衡状态，两者不是绝对的分立、对立和矛盾，而是处于农村社区协商治理中的不同位置和次序，它们具有不同的结构、功能、关系和机制。其中，政党和政府居于主导性地位，特别是执政党处于领导核心地位，体现出鲜明的政党引领、领导和政府的主导和控制色彩，贯穿于中国农村社区协商治理五个阶段制度变迁的全过程，是政党领导和政府主导下的中国农村社区协商治理体制的调试和回应，实现了政党、政府对社会的吸纳和激活，① 既促进了社会的有序稳定，又激发了社会的活力和动力，逐渐形成了基于主体的新时代“党委领导、政府负责、民主协商、社会协同、公众参与、法治保障、科技支撑”的农村社区协商治理体制，呈现鲜明的“一核多元”特征。

“一核多元”只是对中国农村社区协商治理历史变迁的一个总体性特征归纳，其多元主体内部还有着更加复杂的结构、关系、功能和机制，中央到基层各级党组织之间，五级政府之间、政府内部不同条块之间，甚至不同区域之间都面临不同的情境、条件和环境，不同类型的社会组织之间也有着各自的功能优势和激励机理，城乡社区之间、农民与市民有着明显的差异，这些细微而深刻的差异都需要在“一核多元”的框架内进一步深化提炼总结。如何划分多元主体的权力边界，如何建构党建引领下的多元主体之间良性互动机制，如何更清晰地描述和解释

① 姚远：《“激活”与“吸纳”的互动——走出协商民主的中国社会治理模式》，《北京大学学报(哲学社会科学版)》2013 年第 2 期，第 141-146 页。

“一核多元”的运行规律和实践特征还需要进一步系统研究。①

(二)农村社区协商治理理念：人民至上

中华人民共和国成立以来，中国农村社区协商治理的对象逐渐从问题导向转为需求导向，从秩序为主转变为民生为主，这种农村社区协商治理对象的结构性转型也反映了执政党对农村社区协商治理理念的深化和对农村社区协商治理规律把握，这也是西方“国家与社会理论”“治理理论”“协商民主理论”和“新公共管理理论”难以解释的“中国特色”和“中国经验”。

在总体性支配阶段(1949—1978 年)，中国共产党在复杂严峻的国际国内形势下，学习苏联模式，加快推进农业、工商业的社会主义改造，建立了高度集中的计划经济体制。与此同时，农村社区治理方面采取单位制、人民公社、街居制、政治运动、意识形态宣教，实现国家对社会的完全支配，这时候的农村社区治理是以解决问题和矛盾为导向，以强化秩序和稳定为目标，实现了国家对社会的整合和控制，协商元素被压缩。②

渐进性调节阶段(1978—1992 年)，当时改革开放的重点是市场经济体制建设，社会建设从属于经济建设，但受计划经济转型的推动，社会层面的管制开始出现松动和松绑，如人民公社解体、单位制消解等，农村社区协商治理的环境逐渐优化，但治理对象整体上仍然是以社会问题为导向，如开展的社会治安综合治理，社会组织的分类管理等。

结构性优化阶段(1992—2002 年)，为了深化市场经济体制改革，当时在教育、医疗、卫生、住房等领域市场化改革过快，导致人民的福利水平受到较大的冲击和影响，社会不稳定的因素增加，倒逼国家加强对社会需求、公共服务方面的供给，力求实现解决社会问题与满足人民

① 周雪光、艾云：《多重逻辑下的制度变迁：一个分析框架》，《中国社会科学》2010 年第 4 期，第 132-150 页。

② 燕继荣：《社会治理的中国实践》，《教学与研究》2017 年第 9 期，第 29 页。

需求的平衡、社会秩序与社会民生的兼顾。这一时期，农村社区协商治理的实践探索是以问题为导向，甚至问题倒逼性的制度创新，都是为了解决当时复杂尖锐的农村社区治理矛盾而产生的。

主体性形成阶段(2002—2012 年)，为了回应社会民生的需求，进一步加大对教育、医疗、卫生等领域的投入，同时社会体制从双轨制向单轨制转变，农村社区协商治理的需求导向和民生导向更加突出，初步形成了“党委领导、政府负责、社会协同、公众参与、法治保障”的农村社区治理格局。

内涵性发展阶段(2012 年至今)，党的十八大以来，中国农村社区协商治理进入新时代，尤其是党的十九大报告，明确指出当前我国社会基本矛盾是人民日益增长的美好生活需求与发展的不平衡、不充分之间的矛盾，第一次在全国党代会报告里强调了人民美好生活，中国农村社区协商治理的对象已经从问题导向转向需求导向、从秩序导向转向民生导向。党的十九届四中全会决议明确指出，要构建党委领导、政府负责、民主协商、社会协同、公众参与、法治保障、科技支撑的社会治理体系，将协商民主作为我国社会治理体系重要内容，为我国农村社区协商治理的理论和实践创新提供了思路和方向。①

(三)农村社区协商治理方式：四治协同

中华人民共和国成立以来，中国农村社区治理方式从行政管控型向多元共治型转型，逐渐呈现出“四治协同”的趋势和特征。在 1949—1978 年总体支配型阶段，国家通过单位、人民公社、人口管制、城乡分割、意识形态教育以及各种政治(社会)运动将整个农村社区处于党政的管理之下，虽然重建了社会秩序，维护了社会的稳定，但也导致社会缺乏活力和动力，制约了个体的积极性、主动性和创造性。

1978 年改革开放之后，国家为更好地推进经济体制改革，开始调

① 李增元：《基础变革与融合治理：转变社会中的农村社区治理现代化》，《当代世界与社会主义》2015 年第 2 期，第 164-170 页。

整农村社区治理的方式方法，率先推进基层群众自治制度。为回应人民公社解体后乡村治理危机，探索实行村民自治制度，为解决单位制消解带来的城市管理风险，重新实施城市居民自治制度，城乡基层自治得到较大的发展和完善，激发了基层的活力和动力。

自 1978 年改革开放至今，农村社区治理方式上的最大的特征就是规范化、制度化和法治化。不管是对社会领域的立法逐渐得到强化和完善，还是具体农村社区治理方式方法逐渐从运动式走向制度化。当前，一些地方政府探索推广的"枫桥经验""农村社区协商治理清单化""项目制""第三方农村社区协商治理评估"①等，都是探索怎样实现农村社区治理过程中社会秩序的稳定有序和谐。尤其是极具中国特色的运动式治理，不仅没有随着农村社区治理改革的深入而消失，反而被国家赋予新的内涵、功能、生机和活力，通过运动式农村社区治理的制度化和法治化，既保留了运动式治理的制度优势，又实现了规范、可控和长效。②

为了回应快速市场化、城镇化、信息化给社会带来的信仰危机、精神危机、价值危机、道德危机等，国家逐渐强化社会精神文明建设，加强社会主义意识形态和核心价值观的宣传教育，重视挖掘中国传统文化资源。如乡村振兴战略中对农村乡贤、族长、老年协会等主体的吸纳和激活，弘扬"好人文化"、孝文化、"廉政文化"等，都是强化德治在农村社区协商治理中的基础性作用。农村社区对德治和乡土资源的重视和发掘，也是重视农村社区基层协商主体培育的体现。

在建构以自治、法治和德治为重点的乡村社区治理体系时，农村社区共治机制充分发挥协商民主和多元治理的功能，以区域化党建为抓手，探索农村社区党组织引领下的多元参与农村社区协商治理的机制，该模式可发挥党组织的政治领导力、思想引领力、群众组织力、社会号召力，激活农村社区中的党组织、自治组织、社会组织、企业、事业单

① 李友梅：《当代中国社会治理转型的经验逻辑》，《中国社会科学》2018 年第 11 期，第 58-73 页。

② 杨宜勇：《全面开启中国社会治理现代化新征程》，《人民论坛(学术前沿)》2018 年第 3 期，第 56-66 页。

位以及居民等多元主体参与协商共治。所以，中国农村社区协商治理的方式逐渐走向规范化、制度化和法治化，并呈现出“自治、法治、德治和共治”四治协同的特征。①

（四）农村社区协商治理功能：双重理性

中华人民共和国成立以来，中国农村社区协商治理逐渐走出了总体性支配的牢笼，政党通过去社会化和再社会化方式，实现对农村社会的吸纳和激活，平衡好社会秩序与社会活力的关系、社会稳定与社会民生的关系，社会组织得到很大的发展，社会自组织能力得到较大的提升。但从总体上进行分析，农村社区协商治理的结构性特征依然是党领导、引导，政府负责主导的一种强制性变迁模式，这与中国的压力型行政体制是密切相关的，也适应了中国的制度环境、历史传统和心理预期。

政党、政府主导的农村社区协商治理机制受行政惯性、体制资源和信息成本影响，加上不同层级政府之间的复杂关系和同级政府内部的条块分割，在缺少有效的激励机制和评价标准的背景下，地方政府推动农村社区协商治理成为必然选择，农村社区协商治理容易陷入技术性治理逻辑，农村社区协商治理领域充斥了“工具理性”的思维和气氛。农村社区协商治理中的技术性治理逻辑具有三个特征：一是强调机制和技术可以回应农村社区协商治理中的困境，在解决思路上偏好机制优化和技术应用；二是将量化指标引入农村社区协商治理领域，寻求一种可视化的制度安排和政策设计，突破农村社区协商治理评价指标模糊的瓶颈；三是倒逼机制，每次机制的优化和技术的采用都是为了破解紧迫性或特定性的具体问题，突出有效性和回应性。②

比如，当前农村社区治理领域正在实施的“项目制”“智能化”“精细

① 郑杭生等：《中国社会治理体制改革的视野、举措与意涵》，《江苏社会科学》2014年第2期，第66-74页。

② 付建军：《当代中国社会治理创新的发生机制与内在张力——兼论社会治理创新的技术治理逻辑》，《当代世界与科学社会主义》2018年第6期，第181-190页。

化”“专业化”等都具有典型的技术性治理色彩这种“技术性治理”逻辑背后的“工具理性”导向，其根源是中国特色的社会主义现代化建设，突出以国家主导为核心的强制性制度变迁，推进政党、政府对农村社区治理路径的选择和议题的设置，力求实现国家对社会的整合。以农村社区治理智能化为例，其通过运用大数据、物联网、云计算、人工智能、区块链等新兴信息技术，力求避免超大城市农村社区协商治理中的信息不对称问题，促进超大城市农村社区治理的风险监测、风险评估、风险分析、风险决策、风险防范协同等。这种技术化治理一方面确实发挥了积极的作用，但也容易陷入数字陷阱，并且需要进一步强化更多的机制和技术来保障智能化治理的运营，可能会带来贝克所担忧的“风险的制度化和制度化的风险”，技术性治理逻辑不断进行复制、强化，最终陷入“诺斯悖论”和“制度内卷化”。① 但随着市场化改革的深入，中国农村社区治理领域的技术性治理在强化“工具性”目标的同时，也会逐渐增加社会的力量，形成一种“技术性治理”下的政党、政府、国家、市场、社会之间的协商互动。

而农村社区协商治理能够较好地避免“工具理性”导向，具体表现在如下几个方面：一是农村社区协商的主体多元化，提升农村社区协商治理的民主性。农村社区党组织、自治组织、社会组织、企业、事业单位及居民多元主体参与农村社区协商，不同主体都能充分表达自己所属的群体性利益，在参与协商过程中实现了利益诉求和利益表达，发挥了农村社区协商治理的功能。二是针对农村社区治理中的“新型风险”，通过农村社区多元主体的协商、沟通、辩论等方式，强化对农村社区治理风险的主观评判，多元主体亲身参与农村社区风险的讨论、预防、治理和控制，农村社区中的利益主体不再是单纯的风险的承受者，而是风险防控主体的实践者、参与者、决定者，有效避免了农村社区治理的“工具主义”。三是农村社区协商治理既要坚持问题导向，切实解决农

① 马卫红：《内卷化省思：重解基层治理的“改而不变”现象》，《中国行政管理》2016 年第 5 期，第 26-31 页。

村社区居民的“急难愁”问题，破解农村社区公共物品供给难题；但是农村社区协商治理更应重视对协商的“价值理性”的关照，对农村社区协商治理的程序、方式、流程、机制和制度的系统性建构，推动农村社区协商治理对社区资本、社区公共性的培育。

（五）农村社区协商治理改革：异化风险

随着中国全面深化改革进入关键期和攻坚期，农村社区协商治理面临的形势任务异常复杂严峻，当前，农村社区协商治理改革创新面临的“四大挑战”：

一是中国农村社区协商治理改革的行政化。一方面，表现为党政机构过度参与、控制农村社区协商治理改革议题选择和路径机制，垄断农村社区协商治理的资源，压缩社会性主体的活动空间；另一方面，则是这种行政化导向的农村社区协商治理改革创新，在压力型体制的助推下，形成对基层农村社区协商治理改革创新的“非理性激励”，① 导致基层农村社区协商治理改革创新不是坚持问题导向、民生导向、服务导向，而是政绩导向、上级导向、领导导向，既不能解决实际问题，又增加了新的制度成本，加剧了农村社区协商治理制度的“内卷化”。

二是中国农村社区协商治理改革的短期化。由于农村社区协商治理改革创新的模糊性、风险性和不易评价性，很难像经济领域的改革创新那样容易感知、评价和评估，缺乏精准评估农村社区协商治理改革创新的机制和方法，难以形成对基层农村社区协商治理改革创新的激励和监督。再加上政府官员的流动性，一些地方政府更加关注农村社区协商治理的短期效应，往往采取避免具有风险的重要领域的改革创新，而选取风险较小，更容易在短期内取得效果的增量领域进行改革，既可以获得上级的认可和政绩，又可避免因农村社区协商治理改革创新改革带来的政治风险和不确定性风险。

---

① 荣敬本：《从压力型体制向民主合作体制的转变：县乡两级政治体制改革》，中央编译出版社 1998 年版，第 63 页。

三是中国农村社区协商治理改革的同质化。有些地方不是紧扣区域重要的社会问题开展农村社区协商治理改革创新，而是为了创新而创新，为了改革而改革，简单复制、模仿其他区域的农村社区协商治理经验，这样既可以降低改革创新的风险，又给人展示改革创新的立场和行动。而农村社区协商治理改革非常强调制度背后特有的社会结构、风土人情和制度环境，成功的农村社区协商治理改革都是嵌入地方性知识结构，否则，简单的复制、模式只能导致“形同质异”的结果。①

四是中国农村社区协商治理改革的碎片化。由于中国特有的压力型体制和条块管理体制，导致不同层级的政府对农村社区协商治理改革创新的目标定位不同，不同条块之间亦存在各自的利益诉求和条件约束，加上不同层级政府之间、条块之间缺乏统筹协调机制，大家各自为政，画地为牢，分别在自己的权力范围内进行所谓的农村社区协商治理改革创新，其结果就是形成一个个“创新盆景”“典型孤岛”，出现农村社区协商治理改革创新的碎片化倾向和技术性逻辑，并且这种碎片化和技术性具有自我强化的逻辑。②

四、农村社区协商治理的趋势展望

（一）更加注重农村社区协商治理的体制机制创新

中华人民共和国成立以来，基于执政党的统合机制和政府的主导机制，中国的农村社区协商治理呈现出与西方完全不同的路向，政党嵌入国家和社会，通过“国家（政府）—社会”纵向整合机制和“社区—个人”横向整合机制，促进社会既保持秩序和稳定，又充满活力和动力，实现

① 周志忍等：《基于变革管理视角对三十年来年机构改革的审视》，《中国社会科学》2017 年第 7 期，第 66-86 页。

② 林尚立：《有效政治与大国成长——对中国三十年政治发展的反思》，《公共行政评论》2008 年第 1 期，第 38-66 页。

国家对社会的吸纳和激活。① 未来应加强中国特色的“政党—国家—社会—社区”治理逻辑，完善党委领导、政府负责、民主协商、社会协同、公众参与、法治保障和科技支撑的农村社区协商治理体系。

“国家—社会”理论往往将政党、国家、政府笼统的纳入国家范畴，采取抽象的态度看待国家与社会，忽视政府、官员所处的组织结构对其动机和行为的影响，无法解释中国特有的党政体制、央地关系和条块资源在农村社区协商治理中的融合、合作、互动和协商。“协商民主”理论容易坠入所谓的“公共舆论”“议而不决”“成本巨大”的陷阱，而我国的农村社区协商治理是在基层党组织领导下推进的，它具有坚强的组织领导力，又能兼顾农村社区中自治组织、社会组织、企业、事业单位及居民等多方利益的诉求。当下，要完善条块联动、条条协同、政社互动的农村社区协商治理机制，强化条块之间、条条之间、政社之间的信息互通、资源共享、工作联动的机制；强化政党协商、人大协商、政府协商、政协协商、人民团体协商、基层协商以及社会组织协商，探索将党委、政府、社会、公众纳入社会协商治理体系，推动民主协商广泛、多层、制度化发展；将人工智能、大数据、区块链、物联网等现代技术嵌入中国农村社区协商治理体制机制中，促进中国农村社区协商治理资源整合、力量融合、功能聚合、手段综合。

完善人人尽责、人人有责、人人享有的公众参与机制。积极培育公益性、服务性和互助性社会组织，优化政府购买服务的制度体系，激发市场主体的活力和动力，创新社会力量和市场主体参与中国农村社区协商治理体制机制；不管是西方“国家与社会”范式，还是中国特色“政党—国家—社会—社区”范式，都注重一种宏大的制度建构，缺少对“人”的足够关怀和重视。制度与生活范式的建构和运用是一种认识中国农村社区协商治理及其变动逻辑的尝试，认为制度和生活是在二者之

① 何艳玲、李妮：《为创新为竞争：一种新的地方政府创新竞争机制》，《武汉大学学报(哲学社会科学版)》2017 年第 1 期，第 87-96 页。

间的互动中实现的，这些互动既是当下的，又是历史的。① 创新群众参与的制度性平台和载体，回应人民群众对美好生活的向往和追求，健全权利与义务统一、风险与责任关联、激励与惩戒并重的制度，实现宏观制度与微观生活的制度性链接。

党的十九届四中全会明确指出，要完善党委领导、政府负责、民主协商、社会协同、公众参与、法治保障和科技支撑的社会治理体系，进一步强调了民主协商在社会治理体系中的地位和作为。当下乡村振兴战略正在有序推进，治理有效是乡村振兴战略实施的重要基础和目标之一。要针对农村社区公共事务的决策、执行、监督、反馈等环节强化民主协商，破解乡政村治背景下村民自治的虚化、弱化和异化困境，真正激发农村社区民主协商的潜力和活力，培育农村社区多元协商主体，搭建制度性的协商治理平台，回应农村社区“新型风险”的冲击和挑战，提升农村社区公共物品供给的多元化、社会化和内生性，建构农村社区社会资本和公共性资源，以民主协商激活农村社区党组织领导下充满活力的村民自治机制，推进农村社区“微协商”“微治理”。

未来，应强化农村社区协商治理的体制机制建设：一是农村社区区域化党建引领机制，充分发挥基层党组织的政治领导力、思想引领力、群众组织力和社会号召力，以区域化党建为载体，推进农村社区基层党组织、村民自治组织、社会组织、企业、事业单位、居民等多元主体的协商共治，寻找农村社区协商治理的“最大公约数”，激活农村社区协商的内生动力，推进农村社区“善治”。二是完善农村社区协商治理联动机制。农村社区协商治理是一个体系，它既包括农村社区村民自治范围内的协商，也包括农村社区组织内部的协商以及社会组织之间的协商，还包括乡镇党委、政府、人大内部及其彼此之间的协商，应探索农村社区多层次协商治理体系的联动。三是农村社区协商治理的制度化规范机制。针对农村社区协商治理的范围、内容、程序、流程等进行制度

① 肖瑛：《从“国家与社会”到“制度与生活”：中国社会变迁研究的视角转换》，《中国社会科学》2014 年第 9 期，第 88-104 页。

化建设，明确参与农村社区协商治理的主体、方式、目标，健全农村社区协商治理中参与主体的权利义务、程序规则、信息公开、结果公示、绩效反馈，保障农村社区协商治理的科学性、民主性和公正性。

(二)更加注重对农村社区协商治理的整体性研究

当下，中国农村社区协商治理整体性研究的不足主要表现为：一是对政党、国家、社会、社区的逻辑关系研究不足；二是对政府内部不同层级(中央-地方)关系和不同部门(条与块)之间结构关系研究不足；三是对中国农村社区协商治理中“制度与生活”理论范式的研究不足，这将是中国未来农村社区协商治理急需解决的重大理论课题，也是描述、解释和建构中国特色社会主义农村社区协商治理实践的制度基础。

其一，关于中国“政党—国家—社会—社区”的理论范式研究。西方“国家与社会”的分析范式是建立在国家与社会二元分立的制度结构之下，社会具有很强的自组织能力，能够独立解决社会公共事务问题，实现一种去国家化背景下的社会自我治理。该范式下国家与社会之间的互动是建立在主体之间竞争、对抗而形成的合作、协商。它们眼中的国家、政府是均质化的、被动的和中性的，这些特征显然与中国政党、国家、政府在农村社区协商治理中的地位和作用是相悖的。1949 年以来，中国一直是行政主导型的国家和政府，执政党一直处于政府、国家、社会中的领导、引导和建构地位，国家与社会具有相互融合的传统、基础和趋势，这是中国农村社区协商治理的核心特征，也是中国特色社会主义治理区别于西方农村社区协商治理的元要素。正是基于执政党的统合机制和政府的主导机制，中国的农村社区协商治理呈现出与西方完全不同的路向，政党嵌入国家和社会，分别通过“国家(政府)—社会”纵向整合机制和“社区—个人”的横向整合机制，促进社会既保持秩序和稳定，又充满活力和动力，实现国家对社会的吸纳和激活。所以，未来中国农村社区协商治理研究应加强中国特色的“政党—国家—社会—社区”理论范式的研究，建构党政领导、引领下的多元主体制度性共治机制。①

① 张明军等：《为创新为竞争：一种新的地方政府创新竞争机制》，《中国社会科学》2014 年第 5 期，第 38-59 页。

中国特色的农村社区协商治理机制能够推动横向上“国家—社会”整合机制与纵向上“社区—个人”整合机制的联动，通过制度性协商平台的构建，以区域化党建为抓手，以党组织为领导主体，促进农村社区党组织、自治组织、社会组织、企业、事业单位及居民的多元参与协商，实现国家在农村社区治理的在场，以及国家与个体之间的协商、对话、互动和合作。

其二，关于中国农村社区协商治理中“制度与生活”理论范式的研究。党的十九大报告指出，要提高保障和改善民生水平，加强和创新农村社区协商治理，满足人民对美好生活的需求。第一次在党的代表大会上强调“人民的美好生活”，这也是新时代以来，国家重视社会民生、人民福祉、基本权利的重要体现。不管是西方“国家与社会”分析范式，还是中国特色“政党—国家—社会—社区”分析范式，都往往注重一种宏观的结构建构和制度供给，而缺少对农村社区协商治理中最核心的主体“人”的足够关怀和重视。制度与生活视角的建构和运用正是一种认识中国社会及其变动逻辑的尝试，认为制度和生活是在二者之间的互动实践中实现的，这些互动既是当下的，又是历史的。① 要加强“制度与生活”的分析范式的研究，推进政党、国家、社会、社区、个人之间良性互动，回应人民群众对美好生活的向往和追求，实现农村社区协商治理的宏观制度与微观生活的制度性链接。

中国特色的农村社区协商能够充分关注农村社区居民多元化、差异化、冲突化的利益诉求和价值偏好，通过多元主体的参与、协商民主机制的运行，满足回应农村社区居民对公共服务、社区秩序、社区安全的需求，提升农村社区居民的获得感、幸福感和安全感。以当下部分农村社区存在的“空心化”“老龄化”“留守儿童”等问题，协商治理就能很好地运用乡村本土的社区资源解决这些国家、政府、市场主体不易破解的难题。这类问题具有很强的社区性、多元性和差异性，国家不具有信息

① 肖瑛：《从“国家与社会”到“制度与生活”：中国社会变迁研究的视角转换》，《中国社会科学》2014 年第 9 期，第 88-104 页。

上的优势，国家更适宜解决规模化、均质化、统一化的农村社区公共物品的供给，并且国家供给这类公共物品不易执行和监督，非常容易出现“政府费力不讨好”，并且容易滋生“权力寻租”等现象；市场主体以获利为内生动力，针对农村社区公共物品的供给，市场主体缺乏积极性，也不能解决农村社区公共物品供给的民主性、公正性和公平性难题。而农村社区自组织内生于乡村社区，具有本土化的信息优势、资源优势和情感优势，借助协商民主机制的运行，构建农村社会组织参与农村协商治理的体制机制，可以促进农村社区党组织、自治组织、社会组织、企业、事业单位及居民之间的协商，实现农村社区性公共物品供给的低成本、长效性、内生性、针对性、有效性。

其三，关于中国农村社区协商治理中不同层级政府之间、条与块之间的逻辑关系研究。当前大量基于“国家—社会”理论范式的农村社区协商治理研究成果，往往将政党、国家、政府笼统地纳入国家概念的范畴，从抽象性意义的角度开展国家与社会之间分立和互动研究。这种研究建立在国家与社会对立的基础上，运用西方经济学假设，认为政府、官员具有“有限理性”，受政绩和预算的约束、引导和激励，可能会在农村社区协商治理中实施违背公共利益的行为。仅仅从政府、官员绩效的视角分析政府行为，容易忽视政府、官员所处的组织结构对其动机和行为的影响，无法解释中国特有的党政体制、央地关系和条块资源在农村社区协商治理中的融合、合作、互动和协商。尤其是针对高政治风险时农村社区协商治理和缺少有效的激励机制问题，所以，应强化对政党、国家、政府的分层研究、结构研究和互动研究，推进中国特色社会主义农村社区协商治理的党政同责、央地协同和条块整合。

农村社区协商治理是中国特色协商治理体系的重要组成部分，开展农村社区协商治理的理论研究和实践探索应坚持系统论，将农村社区协商治理嵌入政党协商、政府协商、人大协商、政协协商、社会协商、基层协商、社会组织协商体系之中。尤其是与农村社区最密切的基层乡镇协商民主体系之间的联动和衔接，如“浙江温岭”的基层协商与乡镇预算民主协商，就是把农村社区协商治理与乡镇人大的协商结合起来，在当下我国乡镇体制的框架内整合资源、优化机制、联动衔接，更好地发挥农村社区协商治理的功能。

（三）更加注重对农村社区协商治理的公共性研究

基于农村社区协商治理可能会带来的政治风险和不确定性危机，导致在农村社区协商治理领域技术性治理逻辑甚嚣尘上，地方政府往往采取避免难度较大、风险较高、事关全局的“存量改革”，而更热衷于从机制的优化和技术的创新方面动脑筋、想办法，推动“增量改革”。技术性治理逻辑认为通过技术手段的提升和机制流程的优化能够解决农村社区协商治理中的难题，致使整个农村社区协商治理改革走向“工具主义”，陷入技术性治理逻辑的窠臼，农村社区协商治理改革蕴含的“价值理性”得不到足够的重视和加强，导致农村社区协商治理“公共性”的缺失，这反过来进一步强化了“工具理性”思维，不利于中国农村社区协商治理的持续性、有效性和创新性。

其一，关于中国农村社区协商治理公共性的主体研究。公共性是指人们从私人领域中走出来，就共同关注的问题开展讨论和行动，由此实现私人向公众的转化。公共性生产的过程也是个体基于理性精神参与公共活动、维护公共利益和实现公共价值的过程。① 公共性是农村社区协商治理的理念基础和价值导向，没有公共性的支撑，很难培育出理性、公正、民主、参与的公共精神，也无法激活社会性主体的活力和动力。哈贝马斯指出，应通过社会组织参与公共领域来促进主体之间的协商、沟通、理解和认同，通过批判性对话来培育公共理性。社会组织是建构社会公共性的基础性主体，但在中国“政党—国家—社会—社区”的制度结构下，社会组织既需要政党、政府的“赋权”，又需要政党、政府的“规范”，需要平衡好“秩序”与“活力”“吸纳”与“激活”之间的张力。但如何正确处理好政党、政府、社会组织、社区之间的结构性关系，制

① 李友梅：《中国社会治理的新内涵与新作为》，《社会学研究》2017 年第 3 期，第 27-34 页。

度化地建构政党、政府对社会组织的引领和规范机制以及农村社区协商治理中多元主体的衔接、互动机制、社会组织参与农村社区协商治理的机制等尚需进一步深化研究。

其二，关于中国农村社区协商治理公共性的场域研究。中华人民共和国成立以来的实践证明，不管是从理论层面还是实践层面，中国农村社区协商治理都转向了社区层面，着力于推动社区治理体系和治理能力的现代化。滕尼斯认为，“社区”是通过血缘、邻里和朋友关系建立起的人群组合，它的基础是“本质意志”。本质意志表现为意向、习惯、回忆，它与生命过程密不可分。在这里，手段和目的是统一的，靠本质意志建立的人群组合即“社区”是有机的整体。① 美国学者 G. A. 希莱指出，地域、共同的纽带以及社会交往是构成社区的核心要素。农村社区作为衔接政党、政府与个人之间的组织载体和空间场域，具有公共利益的整合、诉求、表达、参与、协商等功能机制，能够通过强化社区记忆、增加社区认同、培育社区资本、打造社区精神共同体等来建构社区公共性。但如何完善农村社区治理体系和提升社区治理能力，如何通过社区激发居民的活力和动力，如何界定政党、政府与社区的边界等都需要进一步研究。第一，要完善农村社区治理体系，通过区域化党建、社区协商议事制度性平台等，强化对农村社区中多元主体的吸纳。2018 年 1 月，民政部发布《关于大力培育发展社区社会组织的意见》，该意见提出力争到 2020 年，社区社会组织培育发展初见成效，实现农村社区平均拥有不少于 5 个社区社会组织。当下，应大力培育农村社会组织，围绕农村社区协商治理的实际需求，在农村社区开展为民服务、公益慈善、邻里互助、文体娱乐和农村生产技术服务等活动的社会组织。注重农村社会组织的数量、结构、能力和体系的完善，发挥其利益代表、利益聚合、利益协调、利益保障的作用，建构完善的农村社区治理体系。第二，提升农村社区治理能力。针对部分农村社区面临的“空心

① 滕尼斯：《共同体与社会——纯粹社会学的基本概念》，林荣远译，北京：商务印书馆 1992 年版，第 78 页。

化”“老龄化”“原子化”等难题，要进一步完善农村社区协商治理的形式、组织、机制和制度建设，注重强化技术手段的嵌入。党的十九届四中全会提出，要“完善党委领导、政府负责、民主协商、社会协同、公众参与、法治保障和科技支撑”的社会治理体系，具体到农村社区，就是要强化组织赋能、技术赋能、体系赋能、机制赋能、制度赋能，围绕农村社区协商治理的主体、内容、形式、程序、机制等，保障农村社区协商治理的针对性和实效性。在技术赋能方面，要充分运用互联网、大数据、人工智能、物联网、区块链等新兴信息技术，探索网络协商的新形式、新载体、新机制，运用智慧技术推动农村社区协商治理的主体、需求、程序、绩效、评估、反馈等要素的联动协同。

其三，关于中国农村社区协商治理公共性的动力研究。公共利益是社会共同体形成的纽带，社会组织是公共性形成的基础性主体，社区是公共性建构的空间场域，而社会公共性建构的动力机制是什么呢？法兰克福学派的哈贝马斯主张通过批判性反思而建构公共性，卢曼主张通过法律程序的民主决策形成“合法性”，①罗尔斯倡导理性的公共性，主张体现公平正义的公共性，阿伦特强调人的存在的公共性等，都蕴含着主体、组织、制度之间的互动、参与、协商和合作，而能够实现主体之间互动、参与、协商、合作的制度性机制就是民主机制，这也从理念和理性层面论证了民主性与公共性之间的逻辑关系。②所以，应着眼于社区的选举民主、协商民主、参与性民主的研究，尤其是社会组织参与社区治理的民主机制研究和不同民主机制之间的衔接、互动研究。

农村社区民主机制、治理机制要发挥作用，关键是构建动机机制，农村社区协商治理的动力在哪里？马克思曾经说过，“人们奋斗的一切都与他们的利益有关”，③德国法学家耶林的名著《为权利而斗争》，都

---

① 哈贝马斯：《公共领域的结构转型》，曹卫东译，上海：学林出版社 1999 年版，第 103 页。

② 罗尔斯：《作为公平的正义：正义新论》，姚大志译，上海：上海三联出版社 2002 年版，第 65 页。

③ 《马克思恩格斯选集(第一卷)》，北京：人民出版社 1995 年版。

为农村社区协商治理的动力机制建构提供了注脚。所以，农村社区协商治理的动力来自村民利益的诉求、代表、表达机制，村民的利益、农村社区的利益与农村社区协商治理具有密切的关联机制，他们有动力去参与、去关心、去协商，并且能够通过制度化(法制化)的平台载体参与农村社区协商，这种协商治理具有法律上的权力(权利)依据和保障。

(四)更加注重风险角度下农村社区协商治理研究

随着中国社会转型的加速和全球化的冲击，农村社区协商治理领域的利益主体、利益阶层、利益矛盾、利益结构日益复杂化，社会风险、心理风险、环境风险、经济风险等叠加共振的压力越来越大。2019 年 1 月 21 日，中共中央召开省部级主要领导干部坚持底线思维着力防范化解重大风险专题研讨班，高度重视农村社区协商治理领域的风险防控，提出要全面做好就业、教育、社会保障、医药卫生、食品安全、安全生产、社会治安等各方面工作，不断增加人民群众获得感、幸福感、安全感，应强化农村社区协商治理的风险性研究。

其一，关于中国农村社区风险协商治理的基础理论研究。关于风险社会的研究，西方主要有三种方向，第一种是以贝克、吉登斯为代表的风险制度主义。贝克和吉登斯既强调风险的认知性、主观性、建构性，也认同风险的客观性、物质性和现实性，认为风险是一种“虚拟的现实，现实的虚拟”。贝克和吉登斯特别关注了技术和制度引发的风险，认为这是相对于传统意义上风险的一种革命。吉登斯指出：“风险则标志着与过去的决裂和面对未知的未来的努力。”他进一步指出：“伴随着风险类型逐渐由‘外部风险’向‘人造风险’的转移以及‘人造风险’的普遍扩散。”①第二种是人类学者和文化学者玛丽·道格拉斯和维尔达沃斯基将风险定义为一个群体对危险的认知，它是社会结构本身具有的功能，作用是辨析群体所处环境的危险性，强调了风

---

① Ulrick Beck. *Risk Society*: *Towards a new modernity by Mark Riter*. London: Sage Publications, 1992: 21.

险的主观性和建构性。[①] 第三种是从经济学的角度采用成本收益的逻辑，分析风险带来的伤害，但忽视了风险可能带来的社会收益。我们应综合借鉴三种风险社会的理论和方法，立足中国特色社会主义农村社区协商治理改革创新实践，加强中国社会风险治理的系统研究。[②] 聚焦新时代农村社区协商治理风险的结构性特征和总体性趋势，深入研究农村社区协商治理风险防控的理论、方法、机制和路径，尤其是食品药品安全风险、社会群体性事件爆发风险、重特大安全生产事故风险、重大环境污染风险、重大公共卫生事件风险等，强化风险源头发现机制、风险决策参与机制、风险协同治理机制、风险舆情沟通机制、风险应急管理机制，重视总结中国特殊的党政体制、央地关系和条块互动在社会风险治理中的功能研究。具体到农村社区风险协商治理研究，应强化对农村社区风险的客观性、主观性、建构性、价值性研究，注重通过农村社区协商治理体系和治理能力的完善，提升农村社区风险防控的能力。

所以，应强化对农村社区风险协商治理的基础理论研究，重点关注三个层面：第一，农村社区风险的类型、结构和特点。农村社区风险具有多样性、复杂性和系统性特征，破坏性较强的主要是公共安全风险，如农村群体性事件、农村重大公共卫生事件、农村生态环境事件、农村重大自然灾害事件等多重风险，应总结梳理不同类型的风险规律、特点和趋势。第二，探索农村社区协商治理防控重大风险的体制机制。针对农村社区重大风险治理，应结合不同风险的结构性特征，探索农村社区协商治理嵌入的时机、环节和对象，完善农村社区风险协商治理的党建引领机制、多元参与机制、协同响应机制、协商沟通机制、结果反馈机制、绩效评估机制等，充分发挥农村社区协商治理对重大风险的防控功能。第三，强化农村社区风险协商治理的价值塑造机制。农村社区风险协商治理不仅仅为了防控风险，它还是强化农村社区居民风险文化、权

① Mary Douglass. *Risk Acceptability According to the Social Sciences*. London: Routledge, 2003: 20.

② 斯科特·拉什:《风险社会与风险文化》，王武龙编译，《马克思主义与现实》2002 年第 4 期，第 52-63 页。

利意识、民主精神的重要途径，通过公众参与、民主协商、信息沟通，提升农村社区风险协商治理的民主性、价值性和建构性。

其二，关于中国农村社区风险协商治理的互动关系研究。应强化经济风险、社会风险、环境风险、心理风险等相互影响机制研究。风险具传递性和流动性，尤其是在互联网、大数据、云计算、物联网等新型媒体技术和传播平台的影响下，各类风险的叠加互构形势异常严峻，多重风险之间的互动机制更加复杂，农村社区协商治理的风险性和不确定性增加，应综合社会学、政治学、管理学、法学、心理学等多学科理论和方法，强化对社会风险的治理和农村社区协商治理的风险逻辑关系的研究，借助中国压力型体制机制，激活中国特色的党政体制、央地关系、条块资源。

以 2020 年新冠肺炎疫情为例，作为席卷全球的重大突发公共卫生事件，该突发公共卫生事件的突发性、危险性、传播性强，对农村社区居民的生命健康安全带来严峻的威胁和挑战。重大突发公共卫生事件风险具有高度的关联性和耦合性，对农村社区政治、经济、社会、文化、生态等方面均带来严重的不确定性。从政治风险的角度分析，疫情初期，由于该疫情的突发性、危险性和破坏性，在一定程度上导致居民的恐慌心理。由于信息的不对称和互联网的影响，不同区域均出现各种流言。更有一些别有用心的言论，将疫情风险的矛盾转向党和政府，将疫情风险及其危害归咎于体制、制度，以此来破坏中国共产党的执政合法性及其权威；从经济风险的角度分析，疫情直接影响农民外出务工的机会和农业生产，阻碍农民增收及农业经济的发展，很多农户受疫情期间交通、产业链断裂的影响，出现农户农产品滞销、农业生产资料无法供给、农业劳动力短缺等现象；从社会风险角度分析，农村疫情防控的效果直接关系农民的心理状态，农民就业及增收的压力也会导致农村社会稳定风险的增加，还有大量农村居民受疫情影响带来的心理焦虑等。可以说，农村社区风险之间具有叠加互动的机制，此风险可能会引发彼风险，对农村社区风险治理带来更多的不确定性。所以，应充分发挥农村社区协商治理机制的功能性作用，强化基层党委、政府、农村两委组织、农村社会组织、农村社区的企事业单位及村民之间的协商、合作、协同和共治，针对农村社区风险的结构性特点，构建多元化风险防控机制。

其三，关于中国农村社区风险协商治理的基本路径研究。如何化解、预防、控制中国农村社区协商治理风险是未来农村社区协商治理的重要议题。根据德国学者贝克的风险社会理论，他认为当前人类面临的风险已经由传统形态的“自然风险”为主转向具有现代特征的“人为风险”，人类面临风险的制度化和制度化的风险的双重压力。① 要破解农村社区协商治理的现代性风险应跳出农业时代、工业时代传统的风险治理理论和范式窠臼，从制度化的视角来治理社会风险。为此，别克给出了治理社会风险的路径，实施“再造政治”，推进风险意识启蒙、民主政治以及理性的自反性，以协商、民主、参与、合作、共治来破解社会风险的危害性和突发性。

由于中国社会结构、制度、文化与西方具有根本性差异，中国社会风险治理不能直接照搬西方的理论范式，应该结合中国“党委领导、政府负责、社会协同、公众参与、法治保障”治理体制，激活党内民主、基层民主、社会民主、协商民主等制度功能，推进政府治理、社会协调、居民自治的良性互动，构建党建引领、政府主导下的多元主体风险共治体制机制，实现社会风险的系统自利、综合治理、依法治理、源头治理。党的十九届四中全会提出“完善党委领导、政府负责、民主协商、社会协同、公众参与、法治保障和科技支撑”的社会治理体系，相比党的十九大报告，增加了两个关键词——民主协商和科技支撑，这既是对我国农村社区协商治理形势任务的基本判断，也是推进农村社区协商治理的基本遵循。一方面，需要系统建构农村社区协商治理的主体、内容、形式、程序、结果等，促进农村社区协商治理的制度化、规范化

① 薛晓源、刘国良：《全球风险世界：现在与未来——德国著名社会学家、风险社会理论创始人乌尔里希·贝克教授访谈录》，《马克思主义与现实》2005 年第 1 期，第 44-55 页。

和法治化；另一方面，要充分借助互联网、物联网、大数据、人工智能、区块链等新兴信息技术，通过技术赋能，完善农村社区协商治理智能化的机制体制，拓展农村社区协商治理的主体、空间、时间范围，促进农村社区多元主体的网络协商。

未来，应从制度、技术和文化等维度强化对农村社区风险协商治理的路径建构。基于制度维度，应完善农村社区风险协商治理的体制机制和制度体系，健全农村社区风险协商治理的党建引领机制、多元共治机制、协同响应机制、信息沟通机制、结果反馈机制和绩效评估机制，激活农村社区党政资源、自治资源、德治资源、法治资源、共治资源，推动农村社区风险协商治理的制度化、规范化和法治化。基于技术维度，应借助大数据、物联网、云计算、人工智能、区块链等新兴信息技术，通过技术赋能，优化农村社区风险协商治理的结构、流程、机制和体系，探索网络协商机制，完善大数据支撑的农村社区风险监测预警机制、风险决策机制、风险管理机制、风险协同机制、风险沟通机制，提升农村社区风险协商治理的预警性、协同性、智慧性。基于文化维度，应强化农村社区风险文化的培育，强化农村社区风险治理的宣传、教育和培训，提升农村社区居民的风险意识、应急能力，积极参与农村社区风险协商治理。

(五)更加注重对农村社区协商治理的本土性研究

由于中国农村社区协商治理理论长期受西方理论影响很大，导致中国农村社区协商治理研究一直处于跟随和迎合状态，对中国特色的社会主义农村社区协商治理的理论和实践总结不够，对西方“国家—社会”范式、“协商民主”范式、“治理理论”范式和“新公共管理”范式的反思不够，整个研究大多处于一种碎片化、脸谱化、分裂化状态，急需强化中国特色的社会主义农村社区协商治理话语的本土性建构。

其一，关于中国农村社区协商治理本体话语体系的框架研究。1949年以来，中国农村社区协商治理的制度实践证明了中国特色社会主义制度的先进性和科学性，走出了一条具有中国特色、符合中国国情的农村社区协商治理道路。中国农村社区协商治理实践既借鉴了西方“国家—社会”分析范式、“协商民主”范式、“治理理论”分析范式、“新公共管理”分析范式的理论、方法和优点，也拓展和创新了我国的“国家—政党—社会—社区”的理论分析范式、“制度与生活”分析范式，既发挥了政党统合机制的政治引领、价值规范和功能整合的作用，又激发了社会自治机制的活力、动力和能力，推动了中国农村社区协商治理的国家秩序、民生保障、社会活力、公众参与的实践导向。① 中国农村社区协商治理研究，大多依然受制于西方“国家—社会”“治理理论”“协商民主理论”“新公共管理理论”的话语体系，机械地从国家与社会互动、互构的视角分析、研究、建构中国农村社区协商治理的理论和实践，表现出话语体系的“西方化、附庸化、学徒化”，其理论、方法和结论都不能解释、说明和支撑中国农村社区协商治理中生动、鲜活的制度实践和改革成效，急需建构中国特色的农村社区协商治理话语体系和理论方法。一些学者试图从具体制度和典型案例入手，通过实证的方式来反思西方“国家—社会”范式、“协商民主”范式、“治理理论”范式和“新公共管理理论”范式的缺陷和不足，取得了积极的成效，形成了一系列具有较强解释力的研究成果，但从总体上看，依然缺乏对西方话语体系的整体性反思和系统性建构②，提出的中国农村社区协商治理话语体系具有碎片化、分散化和僵硬化的特征，既不能得出能够解释、解读和建构中国农村社区协商治理的理论和方法，也不能推动与西方农村社区协商治理理论的平等对话和有效沟通。

所以，未来我国农村社区协商治理本土话语体系的框架应围绕“党委领导、政府负责、民主协商、社会协同、公众参与、法治保障和科技支撑”。从政治性维度分析，我国农村社区协商治理话语体系建构必须坚持马克思主义思想，坚持中国特色社会主义制度，坚持党的领导、人

① 谢忠文：《当代中国社会治理的政党在场与嵌入路径——一项政党与社会关系调试的研究》，《西南大学学报(社会科学版)》2015 年第 4 期，第 41-46 页。

② 张飞岸：《正视中国民主实践，建构民主话语权——访中国人民大学国际关系学院教授杨光斌》，《马克思主义研究》2015 年第 7 期，第 14-24 页。

民当家作主与依法治国的统一，决不能照搬照抄西方资本主义的“国家-社会”“治理理论”“协商民主”以及“新公共管理理论”等，中国农村社区协商治理的话语体系是马克思主义中国化的最新成果，是对中国农村社区协商治理的理论与实践的总结；从历史性维度分析，中国农村社区协商治理的话语体系要体现传统文化，要汲取我国优秀的协商治理思想和文化资源；从实践性维度分析，中国农村社区协商治理的话语要紧扣新时代协商治理的实践，系统总结我国农村社区协商治理的典型经验和制度创新，并将这些经验和制度提升到理论的层面，反过来指导中国农村社区协商治理实践，并强化对国外协商治理理论和实践的交流和互动，充分汲取国外协商治理的合理成分。

其二，关于中国农村社区协商治理本土话语体系的内容研究。基于新时代中国农村社区协商治理改革创新的理论和实践，应重点围绕“党委领导、政府负责、民主协商、社会协同、公众参与、法治保障、科技支撑”的农村社区协商治理体制，农村社区协商治理体系和治理能力现代化，农村社区协商治理的精细化、专业化、社会化、法治化、智能化，共建、共治、共享的农村社区协商治理格局，社会心理服务体系建设，农村社区协商治理重心下移，建构政府治理、社会调节、居民自治的良性互动等重大论述，进行学理化解释和系统化建构，力求创新中国农村社区协商治理理论的话语体系和本土方法，直面中国的农村社区协商治理实践，解答中国农村社区协商治理的难题，总结中国农村社区协商治理的经验，讲好中国农村社区协商治理的故事，推动中国农村社区协商治理理论的自觉、自省和自信。

所以，应着力强化对中国共产党在农村社区协商治理中的领导力、组织力、引领力、号召力研究，以及党建引领的载体、平台和制度研究；强化对中央、省、市、县、镇(乡)五级政府在农村社区协商治理中的结构性功能研究，尤其是乡镇政府与农村社区协商治理的互动机制研究；着力强化对农村社区民主协商的范围、层级、领域、对象以及方式、方法、内容、程序、结果的系统性研究；着力强化对农村社会组织在农村社区协商治理中的地位、功能及其实践机制的研究；着力强化对农村社区居民参与农村社区协商治理的体制、机制和制度的整体性研究，既通过农村社区协商治理激活居民的活力与动力，又要促进农村社区协商治理的稳定与秩序；着力强化法治对农村社区协商治理的规范性研究，避免农村社区协商治理过程中的“合法性风险”；着力强化对大数据、物联网、云计算、人工智能等新兴信息技术在农村社区协商治理中的支撑机制的研究，探索网络协商机制，防止“沉默的少数”。

中华人民共和国成立以来的农村社区协商治理的实践探索和制度变迁的过程，就是中国特色的农村社区协商治理话语体系逐渐形成的过程，从中国农村社区协商治理政策转型的五个阶段来分析，总体性支配（1949—1978年）、渐进性调整（1978—1992年）、结构性优化（1992—2002年）、主体性形成（2002—2012年）、内涵性发展（2012年至今）五个阶段的农村社区协商治理理论和实践都是嵌入中国特有的政党制度、政治制度、社会制度和文化制度之中，都体现了中国共产党的执政理念、为民宗旨、民生情怀和责任担当。

尤其是党的十八大以来，中国农村社区协商治理的改革创新进入一个内涵性发展的新时期。党的十八届三中全会指出，要建构党委领导、政府负责、社会协同、公众参与、法治保障的农村社区协商治理体制，强化要改进农村社区协商治理的方式，坚持系统治理、坚持依法治理、坚持综合治理、坚持源头治理。对中国农村社区协商治理改革的推动主体层面提出了明确和具体的要求，包括党的领导力、组织化、号召力、影响力和农村社区协商治理的方式方法创新等；党的十八届四中全会提出，加快保障和改善民生，推进依法治理体制创新法律制度建设，强化法治对中国农村社区协商治理创新的规范和保障；党的十八届五中全会强调，要加强和创新农村社区协商治理，推进农村社区协商治理精细化，构建全民共建、共治、共享的农村社区协商治理格局，强调了中国农村社区协商治理的民主理念、民生目标和技术路径；党的十九大报告强调，加强预防和化解社会矛盾机制建设，不断满足人民对美好生活的需要，加快社会治安防控体系建设，加强社会心理服务体系建设，加强社区治理体系建设，推动农村社区协商治理重心向基层下移，发挥社会组织作用，实现政府治理和社会调节、居民自治良性互动。党的十九届四中全会提出“完善党委领导、政府负责、民主协商、社会协同、公众参与、法治保障和科技支撑”的社会治理体系，如何将这些重大论述和战略举措落实到农村社区协商治理的体系和能力建设之中，需要学界进行提炼、归纳和创新，建构新时代中国特色的农村社区协商治理本土性话语体系。

第三章　农村社区协商治理的功能逻辑

随着新型工业化、信息化、城镇化、农业现代化的深入推进，我国经济社会发生深刻变化，利益主体日益多元，利益诉求更加多样。社区是社会的基本单元，加强城乡社区协商，有利于解决群众的实际困难和问题，化解矛盾纠纷，维护社会和谐稳定；有利于在基层群众中宣传党和政府的方针政策，努力形成共识，汇聚力量，推动各项政策落实；有利于找到群众意愿和要求的最大公约数，促进基层民主健康发展。①

党的十九届四中全会明确提出，要建构“党委领导、政府负责、民主协商、公众参与、社会协同、法治保障、科技支撑”的社会治理体系，高度重视民主协商在社会治理体系和治理能力现代化中的重要作用。②《中共中央国务院关于实施乡村振兴战略的意见》中，在加强农村基层基础工作、构建乡村治理新体系部分，专门强调深化村民自治，依托村民会议、村民代表会议、村民议事会、村民理事会、村民监事会，形成民事民议、民事民办、民事民管的多层次基层协商格局。③《中共中央国务院关于加强和完善城乡社区治理的意见》指出，进一步增强基层群众自治组织开展社区协商、服务社区居民的能力；增强社区居民参与能力，提高社区居民议事协商能力，凡涉及城乡社区公共利益的重大决策事项、关于居民群众切身利益的实际困难和矛盾纠纷，原则上由社

---

① 张锋：《乡村振兴背景下农村社区协商治理机制研究》，《上海行政学院学报》2019年第6期，第82-90页。

② 参见《中共中央关于坚持和完善中国特色社会主义制度　推进国家治理体系和治理能力现代化若干重大问题的决定》，2019年10月31日。

③ 参见《中共中央国务院关于实施乡村振兴战略的意见》，2018年1月2日。

区党组织、基层群众性自治组织牵头，组织居民群众协商解决。支持和帮助居民群众养成协商意识、掌握协商方法、提高协商能力，推动形成既有民主又有集中、既尊重多数人意愿又保护少数人合法权益的城乡社区协商机制。[①] 提升社区矛盾预防、化解能力，完善矛盾纠纷调处机制，健全城乡社区人民调解组织网络，引导人民调解员、基层法律服务工作者、农村土地承包仲裁员、社会工作者、心理咨询师等专业队伍，在物业纠纷、农村土地承包经营纠纷、家事纠纷、邻里纠纷调解和信访化解等领域发挥积极作用。《关于加强社会主义协商民主建设的意见》[②]《关于加强城乡社区协商的意见》[③]对农村社区协商内容、协商主体、协商程序、协商形式、协商成果等进行了具体的规定。充分说明了农村社区协商已经成为促进乡村振兴、提升乡村治理体系和治理能力的重要内容和机制保障。

一、农村社区协商治理的整合机制

随着新型工业化、信息化、城镇化、农业现代化的推进，我国农村经济社会在取得快速发展的同时，农村社区治理也面临“农民原子化、权威碎片化、组织松散化、利益多元化”等风险挑战，[④] 农村社区治理存在农村基层党建薄弱、农民组织化程度不高、农村社会组织发育不充分、村民自治“虚化、弱化和异化”、农民利益诉求不畅、农村公共服务滞后、农村矛盾冲突加大、农村传统文化凋敝及农村生态环境恶化等突出问题。基于乡村振兴战略的新时代背景，建构我国农村社区协商治

① 参见《中共中央国务院关于加强和完善城乡社区治理的意见》，2017 年 4 月 3 日。

② 参见《中共中央关于加强社会主义协商民主建设的意见》，2015 年 2 月 9 日。

③ 参见《中共中央办公厅、国务院办公厅关于加强城乡社区协商的意见》，2015 年 7 月。

④ 张立伟：《我国农村社区协商治理的现状、困境及发展对策——基于全国 7 个农村社区治理实验区的分析》，《行政论坛》2019 年第 3 期，第 44-50 页。

理的制度性整合、功能性整合和认同性整合的多维机制，应充分发挥农村社会组织在农村社区协商治理中的节点功能，针对我国农村社区协商治理面临的瓶颈、短板，建构农村社区协商治理的党建引领机制、多元参与机制、规范化保障机制、法治化支撑机制、衔接联动机制。①

乡村振兴，治理有效是关键。协商治理是协商民主理论和治理理论融合互动的成果，哈贝马斯指出协商沟通在民主治理中具有决定性的地位和作用，认为理性的协商能够实现偏好的转移和价值的认同，培育社会资本，建构公共性；② 亨德里克斯认为需要强化协商民主的整合性研究，注重协商民主机制之间的衔接和互动。③ 治理理论认为治理是各种公共或私人机构管理其共同事务的诸多方式的总和，使相互冲突或不同的利益得以调和并且采取联合行动的持续过程。④ 协商民主与治理具有逻辑上的契合性、过程上的连接性、价值上的统一性和主体上的互动性，对开展农村社区协商治理具有一定的解释力和建构性，为我国农村社区治理提供了新的研究视角和理论基础。章荣君认为农村社区协商治理能够推动精英主政向协商治理转型，促进选举民主与协商民主协同；⑤ 季丽新认为农村社区协商治理有利于巩固党组织核心地位、防止村干部腐败、培育现代新型农民、维护农村稳定；⑥ 何包钢认为通过农

① 党亚飞、应小丽：《组织弹性与规则嵌入：农村协商治理单元的建构逻辑——基于天长市农村社区协商实验的过程分析》，《华中师范大学学报(人文社科版)》2020 年第 1 期，第 35-42 页。

② 哈贝马斯：《公共领域的结构转型》，曹卫东译，上海：学林出版社 1999 年版，第 50 页。

③ Carolyn Hendriks. The Ambiguous Role of Civil Society in Deliberative Democracy.（Refereed Paper Presented to the Jubilee Conference of the Australasian Political Studies Association）Canberra：Australian National University，October，2002：36.

④ 俞可平：《治理与善治》，北京：社会科学文献出版社 2000 年版，第 63 页。

⑤ 章荣君：《从精英主政到协商治理：村民自治转型的路径选择》，《中国行政管理》2015 年第 5 期，第 74-77 页。

⑥ 季丽新：《中国特色农村民主协商治理机制创新的典型案例分析》，《中国行政管理》2016 年第 11 期，第 51-57 页。

村社区协商治理建构理性、成熟的社会是农村民主发展方向；① 谈火生认为农村社区协商治理面临理念偏差、农村公共领域发育不充分、农村社区协商治理规则、程序的规范化、法治化程度不高等问题；② 张国献指出流动性的农村社区遭遇协商主体“虚置化”、协商渠道“堵塞化”、协商会议“形式化”、协商成本“高企化”、协商监督“短缺化”等困境；③ 胡永保提出应完善协商制度及程序规则，保障协商主体的平等，培育农村社区协商主体的民主素质和协商技能；④ 马奔强调应促进乡村经济繁荣、夯实协商基础、完善协商制度、建构协商机制、健全协商法治化路径、发展农村网络协商。⑤

以上成果为深化乡村振兴背景下农村社区协商治理机制研究提供了理论基础和实践借鉴，但还存在尚需深化拓展的空间：一是尚需加强农村社区协商治理的制度性整合机制、功能性整合机制和认同性整合机制的功能研究；二是尚需加强农村社区协商、农村社会组织协商、乡镇政府协商、乡镇人大协商等制度的系统性研究，力求在我国乡村治理制度体系内，建构农村社区协商治理的党建引领机制、多元参与机制、规范化保障机制、法治化支撑机制和衔接联动机制等。⑥

国外协商民主是一种以过程、程序、合作、参与、认同为特征的理论范式，中国农村社区协商治理既具有国外协商民主、协商治理的理论特征，又具有中国的特色，尤其是中国共产党的领导下的党政体制，所

---

① 何包钢：《中国农村从村民选举到乡村协商：协商民主试验的一个案例研究》，《国外理论动态》2017 年第 4 期，第 93-105 页。

② 谈火生：《混合式代表机制：中国基层协商的制度创新》，《浙江社会科学》2018 年第 6 期，第 35-42 页。

③ 张国献：《社会主义乡村协商治理：现实逻辑、制度导向与实践旨趣》，《浙江社会科学》2018 年第 6 期，第 148-153 页。

④ 胡永保、杨弘：《试论我国乡村协商治理的发展与推进》，《西北农林科技大学学报(社会科学版)》2019 年第 1 期，第 121-126 页。

⑤ 马奔、程海漫、李珍珍：《从分散到整合：协商民主体系的构建》，《中共中央党校学报》2017 年第 2 期，第 64-72 页。

⑥ 张锋：《乡村振兴背景下农村社区协商治理机制研究》，《上海行政学院学报》2019 年第 6 期，第 82-90 页。

以，我国的农村社区协商治理既能通过社区协商实现利益诉求，又能通过农村社区党组织的领导实现集中高效，实现民主与效率的统一。农村社区协商治理具有多重利益整合功能，能够从民主参与维度上促进农村社区协商治理的制度性整合，从多元共治维度上实现农村社区协商治理的功能性整合，从价值重构维度上推动农村社区协商治理的认同性整合，并且三种整合机制之间具有良性互动和协同共进的逻辑关系①。

（一）民主参与：制度性整合机制

党的十九大报告指出，当前我国社会的主要矛盾是人民对美好生活的需求与发展的不平衡、不充分之间的矛盾；党的十九届四中全会明确指出："完善党委领导、政府负责、民主协商、社会协同、公众参与、法治保障、科技支撑的社会治理体系"，特别强调民主协商在我国农村社区治理体系和治理能力中的重要作用。而我国农村社区发展的不平衡、不充分主要体现在乡村治理体系和治理能力现代化程度不高，这已经成为制约乡村振兴的突出短板。为了突破农村社区治理的瓶颈，急需引入民主协商机制，以协商民主机制推动党委、政府、社会组织、公众等多元主体的协同共治，农村社会组织参与农村社区协商治理能够激活农民的主动性、积极性和创造性，实现农民利益诉求、民主参与的组织化、理性化和制度化。②

其一，协商治理促进农民利益诉求的组织化。协商民主是对选举民主的重要补充，打破选举性民主的形式主义、对抗主义和绝对主义的窠臼，引入协商民主，是一种坚持问题导向的实践性民主、参与性民主，它围绕农村社区治理过程中面临的实际问题，如事关农村社区集体的公共利益的重大决策、事关党和国家关于农村社区的重大政策文件的制定、执行和落实，事关农村社区居民的切身利益的事项。当前，农村基

① 徐勇：《农民理性的扩张："中国奇迹"的创造主体分析》，《中国社会科学》2010 年第 2 期，第 103-118 页。

② 李增元、王岩：《农村社区协商治理：实践动因及有效运转思路》，《行政论坛》2018 年第 5 期，第 30-36 页。

层民主机制是党内公推直选和村民直选，农民主要通过村两委组织实现利益诉求，比较好地解决了农民利益诉求的组织化问题。但是，这种以农村党内民主和村民自治为载体的乡村治理是一种存量民主，受法律、法规和政策的约束较多，不利于农民持续性的利益诉求和民主参与。

民主不仅表现为一种权利，更是一种技能和集体行动的精神，民主参与公共事务、维权等过程中思想表达、沟通谈判、对话协商、妥协退让等都需要锻炼的舞台，需要长期培育。① 农村社会组织是一种组织化生活，通过组织内部的选举、治理、日常管理活动，培养组织成员的民主意识、协商能力、参与公共事务的能力，提高公众在维护权益时的理性程度，促使公众更多地选择采取合法的渠道维护合法权益，而不是采取极端的群体性事件的方式。② 以上海磁悬浮项目引起的"市民散步"为例，由于上海市是个国际化大都市，社会组织比较发达，市民的组织化程度与民主参与的精神较高，在遇到权益受损时，往往采取比较理性、缓和的方式来表达自己的利益主张，而不容易走极端。③ 所以，应大力培育农村社会组织，以农村社会组织的增量民主的渠道和平台，提升农民的民主参与意识和理性维权的能力，从根本上遏制群体性事件的发生及暴力化。

协商民主作为一种增量民主的形式，④ 嵌入农村党组织领导下的村民自治机制之中，以党内协商、村民自治协商(村民会议、村民代表会议、村民议事会、村民理事会、村监会)、农村社会组织协商等，提升农民利益参与的组织化水平。同时，农村社区协商治理不仅仅表现为村民个体之间、村民与村两委、乡镇政府等之间的协商，更重要的是通过

① 闫立志：《基层协商民主：农村社区治理创新路径》，《人民论坛》2016 年第 9 期，第 66-67 页。

② 张锋：《基于理性视角的群体性视角比较研究》，《延边大学学报(社会科学版)》2009 年第 4 期，第 33-37 页。

③ 张锋：《社会组织在预防、化解群体性事件中的作用与机制研究》，《延边大学学报(社会科学版)》2012 年第 4 期。

④ ［澳大利亚］约翰 · S. 德雷泽克：《协商民主及其超越：自由与批判的视角》，丁开杰等译，北京：中央编译出版社 2006 年版，第 81 页。

参与村民自治过程的协商，参与农村社区组织的协商，充分表达村民的利益诉求，并通过村两委组织、社区社会组织等实现农民利益的组织化参与。尤其是以村民议事会、村民理事会等农村社会组织开展的民主协商，拓展了农村社区协商治理的主体，丰富了农村社区协商治理的内容，创新了农村社区协商治理的形式，较好地发挥了农村社会组织在农村社区协商治理中的整合性功能。①

其二，提升农民利益表达的理性化。随着新型城镇化的推进，农村社会流动、社会分层、利益分化等现象加剧，农民的权利意识得到很大的提高，但是农民利益表达的理性化程度还有待于提升，不少农民习惯于“上网、上访、上街”，迷信“大闹大解决、小闹小解决、不闹不解决”，缺乏理性表达诉求和协商沟通的意识和能力。② 农村社区协商治理能够通过建构丰富多样的协商性平台，如民主恳谈会、村民协商理事会、民主评议会，抑或通过农村社区组织，充分尊重农民的合法权益，让农民在一个开放、平等、公平的环境下进行利益诉求、利益表达，通过农民主体之间的协商沟通来促进理解、认同、共识、接受，强化农村社区的公共性建构，提升农民利益参与的理性化水平。

其三，推动农民利益参与的协同化。农村基层民主建设的基础是选举性民主和自治性民主，如何激发选举性民主和自治性民主的制度功能是农村社区治理的突出问题。通过农村社区协商性民主的制度性嵌入，弥补了农村社区选举性民主和自治性民主的局限，缓解了农村“公推直选”和“村民直选”带来的“民主陷阱”和“治理危机”，破解了农村自治性民主中村民会议、村民代表会议的“形式桎梏”，推动了农村选举性民主、自治性民主和协商性民主的协同联动，提升了农民利益诉求、利

① 张锋、张汉为：《新农村社区：农民利益整合的多元载体》，《延边大学学报(社会科学版)》2010 年第 2 期，第 108-112 页。

② 张锋：《乡村振兴背景下农村社区协商治理机制研究》，《上海行政学院学报》2019 年第 6 期，第 82-90 页。

益表达、利益参与的系统性、衔接性和整体性。①

尤其是取消农业税以来，乡镇政府与农村社区的利益联结逐渐弱化，乡镇政权在某些方面甚至有意识地退出农村社区治理，导致农村社区出现“基层政权悬浮化”。② 这一方面解放了农民，为农民提供了更多自由选择的机会和空间，但另一方面，也弱化了对农村社区治理的指导、帮助和监督，农村社区的村民的“原子化”加剧，大量农村公共事务缺乏有组织的管理，农村公共物品的供给严重滞后，农村社区的秩序和活力不足，社区资本凋敝。③ 典型的表现就是农村社区干部的不作为和乱作为，并且呈现出结构性失衡特征，如涉及经济利益的农村土地、动迁、搬迁、矿产资源等，不少案例已经反映了基层农村社区干部的乱作为、违法、违纪甚至犯罪的情况；而关于农村社区公共物品的供给、农民矛盾纠纷的调解等却无人问津，任凭农民之间矛盾激活，即使村民上门找农村社区干部解决纠纷，有的村干部往往不作为，让村民走司法程序，说现在农村社区主要是做公共服务，社区干部没有执法权，无法解决村民之间的纠纷，导致本来很小的民事纠纷，拖成村民之间的矛盾，甚至发生恶性刑事案件。

基于这样的农村社区治理背景，协商治理具有更大的实践价值。如果能够通过协商民主治理的嵌入，优化农村社区党组织领导的充满活力的自治机制，将农村基层党组织领导、村民自治、协商治理有机结合起来，那么既可以实现农民利益诉求的组织化，又可以发挥基层党组织集中统一领导的效率优势，充分证明中国特色的社会主义乡村民主的生命力和适用性。④

---

① 俞可平：《治理和善治——一种新的正分析框架》，《南京社会科学》2001年第9期，第40-44页。

② 陈明：《家户主义：中国农村治理的逻辑与底色》，《马克思主义与现实》2018年第6期，第191-196页。

③ 张锋：《社会组织在预防、化解群体性事件中的作用与机制研究》，《延边大学学报(社会科学版)》2012年第4期，第99-103页。

④ 谢安民等：《重建乡村共同体：从村民自治到社区自治》，《浙江社会科学》2017年第9期，第98-106页。

(二)多元共治：功能性整合机制

当下，农村社区的利益主体多元化、利益关系复杂化，如何实现农村社区党组织、自治组织、群众组织、社会组织、农民合作社等多元主体的合作共治具有重大的理论和实践价值。农村社区协商治理能够推动多元主体的共治，以多元化、多样性和规范化为农村社区协商治理的功能性目标，激活农村社区协商治理的活力和动力，促进乡村振兴战略实施中多元主体的共建、共商、共治、共享。①

其一，推动农民社区协商共治主体多元化。完善农村社区治理体系的途径是建构一种多元主体共同参与的制度性平台，促进农村社区协商治理结构的优化，推动农村社区党组织、村民自治组织、农村社区组织、农民合作社、驻区企业等多元主体协商参与农村社区治理，通过多元主体协商共治实现对农村社区多元利益的"制度性吸纳"。如在尊重既有制度体系的前提下，② 通过建构村民议事会、村民理事会、乡贤会、老年协会等协商性制度平台，吸纳农民、农村社会组织、乡贤、农民经济合作组织、驻村机构的参与，突破了既有农村社区共治的主体局限，完善农村社区协商治理的体系，提升农村社区协商治理的能力。

如新冠病毒疫情期间，上海市奉贤区动员区域内社会组织等联手打造"红管家"服务，通过为居民代购生活用品、代办服务事项，双向发力做好防疫情、稳物价、保供应、惠民生工作。如在镇农业服务中心等部门的推动下，区域内思贤、煜新等农产品专业合作社与村居委联手打造"合作联社菜篮子配送点"等保障辖区居民蔬菜供应，特别针对新来沪需隔离 14 天等人员对象，通过创新推进"居民点菜+田间摘菜+志愿者送菜"等方式，既加强了来沪人员的疫情风险防控，又解决了生活采购难题。

---

① 李永萍、慈勤英：《村民小组：乡村治理的最小单元》，《武汉大学学报》2017 年第 5 期，第 98-106 页。

② 王岩、魏崇辉：《协商治理的中国逻辑》，《中国社会科学》2016 年第 7 期，第 26-45 页。

其二，探索农村社区协商共治载体多样化。传统农村社区共治的载体主要有党组织（支部委员会议、党员大会、党员代表会议）、村委会（村民会议、村民代表会议），农村社区协商性共治平台的构建，创新了农村社区共治的组织载体，如自治性民主范畴内的村民议事会、村民理事会、村监会等。[①] 嵌入农村社区自治性民主内的协商机制能够强化对农村社区党组织、村民自治组织干部的监督和制约，避免农村基层民主的"内卷化"和"形式化"。社会性参与性的制度性平台——农村社会组织，如农村老年协会、乡贤理事会、农民专业合作社、社区社会组织等协商性主体，探索了农村社区共治的组织形式，可以更好地实现农民利益的诉求、表达、参与、协商、保障等。农村社会组织协商包括内部协商和外部协商，其内部协商强化对组织成员的利益表达、利益诉求和利益偏好的凝聚，也能够在社会组织内部协商的过程中促进村民之间的互动、协商、交流、信任、理解等，培育农村社区社会资本，构建农村社区的公共性，这种公共性有助于农村社区治理体系和治理能力的完善；其外部协商即农村社会组织与农村社区党组织、村民自治组织、农民专业合作社以及乡镇政府之间的协商，既可以表达所属于农村社会组织成员的利益，也推动农村社区多元主体之间的沟通、合作和互动，避免农村社区治理中的"信息不对称"和政策执行的"中梗阻"，提升农村社区协商治理的灵活性、针对性、实效性。[②]

随着乡村振兴战略的实施，农村社区治理面临的形势而更加复杂，尤其是东南省市郊区的农村社区，伴随着乡村振兴战略和新型城镇化深入推进，大量的市场主体、社会资本、外来人口等进入农村社区，涉及农村社区治理的主体、内容、对象等也各不相同，更加需要强化协商民主的嵌入，构建农村社区党组织领导下的充满活力的村民自治机制和多元协商共治机制。笔者在上海郊区调研发现，当下上海郊区在乡村振兴

① 张锋等：《上海农村新型社区治理面临的挑战与对策》，《党政论坛》2014年第3期，第51-53页。

② 季丽新：《中国特色农村民主协商治理机制创新的典型案例分析》，《中国行政管理》2016年第11期，第51-57页。

过程中非常重视农村社区治理体系和治理能力建设，尤其是以区域化党建为载体，吸纳农村社区中的社会组织、企业、事业单位、新乡贤等多元主体参与农村社区协商治理，并逐步形成了制度化、规范化和长效性的协商共治机制，充分激活了农村社区社会资本的价值。并且，以区域化党建为协商共治载体，实现农村社区中的农民、社会组织、企业等多元主体与乡镇党委政府的协商、沟通和互动，实现了对农村社区多元化利益的制度化“吸纳”，提高了农村社区治理公共政策的针对性和有效性。

其三，强化农村社区协商共治程序规范化。协商民主既是一种民主形式，更是一种社区共治的机制，协商主体、协商内容、协商程序、协商形式、协商反馈、协商监督等都有一系列的制度性规范，能够保证农村社区共治的质量和水平。① 乡村振兴背景下，大量的人才、资金、资源、项目涌入农村，通过规范化、程序化、制度化的协商共治机制，提升农民民主参与的意识和能力，锻炼农民协商的技术和技巧，培养农民的公共精神和公共理性②。随着农村社区治理的转型，当下农村社区已经表现出与传统乡村社区迥异的现象。农村社区与国家整体转型密切相关，现代性风险也对农村社区治理带来严峻挑战，如农村环境风险、重大突发公共卫生事件风险、重大社会公共安全风险等。针对现代性风险的威胁，农村社区治理体系和治理能力显然还无法高效地回应这些风险挑战，当然由于农村社区目前大多处于相对分散状态，一定程度上缓解了风险的破坏性，但整体上农村社区风险治理能力还亟待提升。

同时，风险之于村民既是一种客观存在，也是一种价值判断，到底谁来替农民做出风险决策和风险选择，这是一个技术性问题，更是一个政治性问题。农村社区协商民主能够比较好地回应风险分配、风险决策和风险选择等问题，它通过农村社区多元主体的协商，村民之间的协

① 章荣君：《从精英主政到协商治理：村民自治转型的路径选择》，《中国行政管理》2015 年第 5 期，第 74-77 页。

② ［澳大利亚］约翰·S. 德雷泽克：《协商民主及其超越：自由与批判的视角》，丁开杰等译，北京：中央编译出版社 2006 年版，第 93 页。

商、参与、讨论、辩论等，基于协商治理的过程逐渐达成共识，而不是单纯党政主导下的农村社区风险治理，既可以降低农村社区风险治理的成本，也激发农村多元主体参与风险治理的主体性和能动性，从民主参与的角度破解农村社区风险的不确定性、复杂性和系统性，构建多中心的风险治理机制。①

如针对农村区域发生的大量环境型邻避事件，就是农村社区村民(居民)关于风险的回应和应对问题。大多数能够落地的邻避项目，都是经过官方机构的环评、审批的，从科学性上说应该都是"环境风险是可以接受的"，符合国家"环境法律法规的"。但是，农民(居民)对此却抱有不同的认知。他们不仅仅关注邻避项目的科学性问题，甚至说也很难看得懂这些论证报告、图表指标分析以及实验数据，但他们会问，为什么这个项目一定要放到我们这里，为什么不放到其他地方，或为什么不放在城市区域。这里就有一个很值得思考的问题，农村社区环境风险治理的范式问题，即到底该用什么范式来解决农村社区环境事件。以前关于农村社区邻避事件的应对和处置都更多地从邻避事件的科学性考虑，强调环境风险评价、专家的论证、程序的规范、信息的公开透明等。但是，现在农村社区村民提出来一个权利方面的问题、民主方面的问题、价值方面的问题——为什么要在我们这里建环境邻避项目。针对这类问题，显然协商、沟通、合作、互动是一个更适宜的途径和方法，充分尊重村民的利益诉求和价值偏好，开展有针对性的协商、沟通，真正让村民认可、接受这样的项目，才是解决农村社区环境邻避事件的正确之路。

(三)价值重构：认同性整合机制

乡村振兴背景下农村社会组织参与农村社区协商治理不仅仅是为了促进和保障农民利益，还具有重构农村社区价值、文化、信仰等功能，

① 埃米·古特曼、丹尼斯·汤普森：《审议民主意味着什么》，载谈火生：《审议民主》，南京：江苏人民出版社2007年版，第59页。

强化农村社区的“软法之治”，培育农村社区的社会资本，构建农村社区的精神共同体，以协商治理促进农村社区的认同性整合。①

随着农民价值观念的多元化和农村利益主体多元化，农村社区的利益矛盾冲突加剧，急需提升农村社区的治理能力，化解农民之间、农民与村两委、农民与基层政府以及农村与城市之间的种种矛盾。“农民原子化”导致农民个体与村庄群体的关系日益松散，农民更关注自我权利与情感的表达，农村社区共同体逐渐消解。② 开展农村社区协商，能够化解多元主体之间的矛盾，找到多元主体之间的“最大公约数”。同时，农村社区面临主流文化、传统文化等多种文化生态并存的格局，加剧了农村社区治理的艰巨性、复杂性和风险性，需要强化农村利益主体之间的包容、互动、协商，以协商治理来培育农村社区的精神共同体。③

农村社区利益是多元的、差异的、冲突的和矛盾的，建设和谐新农村社区必须促进差异利益之间的和谐，实现利益和谐是乡村振兴战略实施的保障性基础，也是利益多维度、多向位发展的必然要求。乡村振兴战略实施是以社会转型为背景的，个体分散、分化的农民对利益需求呈多元化、差异化趋势，个别农民的价值观、人生观、世界观出现混乱、迷失，农民缺乏科学的信仰，出现了“拜金主义”“享乐主义”。导致农村出现各种各样的精神疾病，如焦虑感、失落感、不平感漂泊感和缺乏归属感等，这些精神疾病背后隐藏着农民个体与其他主体之间利益与利益观念的差异、对立和不和谐。④

要实现差异利益和谐首先要在承认利益差异的前提下，通过社区文化的协调、导向、融合和培育功能来缩减利益之间的冲突，并在多维、

① John，Parkinson，Mansbridge Jane. Deliberative Systems：Democracy at the Large Scale. Cambridge University Press，2012：18.

② 俞可平：《治理与善治》，北京：社会科学文献出版社 2000 年版，第 70 页。

③ 唐鸣、魏来：《协商民主的生长逻辑——中国经验的整体性视角和理论研究的整合性表达》，《江苏社会科学》2016 年第 5 期，第 48-60 页。

④ 胡永保、杨弘：《试论我国乡村协商治理的发展与推进》，《西北农林科技大学学报(社会科学版)》2019 年第 1 期，第 121-126 页。

多向和多序的利益之间寻求平衡。第一，农村社区文化能有效协调个性化的、分散的农民个体经济利益、政治利益和文化利益，协调农民个体的人生观、价值观、世界观。农村社区是自愿组成的群众自治组织，人们在组织内部就共同关心的经济、政治、文化和其他一切社会问题展开讨论，形成社区内部的组织文化，而社区文化具有群体性、共享性、参与性、公开性、公益性、一致性和整体性等特征，这些特征可以协调差异利益。①

其一，强化农村社区软法之治。乡村振兴战略强调自治、德治、法治、共治的统一，重视村规民约、自治章程等"软法"的功能，要真正发挥农村"软法"的认同性整合功能，要在"软法"制定的过程中尊重农民的权利、利益、风俗、习性，符合村民的生活常识、惯例、习俗等，"软法"规则才能得到村民的参与、认同和接纳。而这种建立于全体村民的充分协商、沟通、互动和讨论基础上的"软法"，能够促进农村社区多元主体之间的沟通理性、协商理性、价值理性和公共理性的统一，融入村民的人生观、价值观和世界观，真正发挥"软法"的引领、规范、激励、约束的功能。②

中国古代就有"皇权不下县，乡村自治"的文化传统，这里面既有国家治理的文化品性，也有现实的制度约束。传统乡村治理依靠礼俗、宗法、乡绅、长老，他们是国家政权的延伸，代表国家实现对乡村秩序的维护和建构；同时，国家乡村乡绅自治还是由于财政资源、信息成本的制约，国家缺乏足够的财政支持巨大的官僚组织体系管理乡村，也不具备乡村治理的信息优势，国家官僚机构治理乡村的信息成本巨大。而乡绅作为国家权力在乡村的代理人，既能认同、拥护国家政权的价值观，又是乡村社会的"贤者"，具有乡村天然的地缘、血缘、亲缘优势，

① 武中哲、韩清怀：《农村社会的公共性变迁与治理模式建构》，《华中农业大学学报(社会科学版)》2016 年第 1 期，第 15-21 页。

② 陈涛、李华胤：《"箱式治理"：自治、法治与德治的作用边界与实践效应——以湖北省京山市乡村振兴探索为例》，《探索》2019 年第 5 期，第 107-115 页。

他们可以通过“宗族宗法”“乡规民约”“三纲五常”等实现对乡村的有效治理。基于中国乡村治理的历史传统和文化传承，农村社区虽然经历了现代性的祛魅，但还依然存在“共同体”的特征，“熟人社会”“人情社会”等还在农村社区具有较大的空间，基于此，如果能充分激发农村社区内嵌的“规则”“规矩”“惯习”等当代价值，在“有事好商量”的导引下，经过农村社区党组织的引领，构建农村社区党组织、村委会、农村社区组织、村民等多元主体的协商机制，制定符合乡村社区实际的村规民约，发挥农村社区的“软法之治”和“规则之治”，提升农村社区治理的内生性和遵从度，降低农村社区协商治理的制度性，实现农村社区“自治、德治、法治、共治”的统一。

其二，培育农村社区社会资本。农村社区文化能引导农民个体、分散的利益，使分散的农民个体利益实现组织内的整合。农民个体利益整合是通过社区文化来实现的，社区成员在相对统一、协调的文化导引下，彼此相互信任，农村传统的风俗、习惯、诚信、道德、伦理导向机制得到最大的发挥。社区对农民个体的利益导向不仅仅建立在利益客体、社会制度的供给基础上，而且建立在社区文化、道德、伦理的基础上，降低了农民个体之间的信息收集、判断、分析和处理成本，使农民个体的利益在低成本的基础上实现利益整合、利益导向。社会资本是社区善治的基石，建构在信任、互动、网络、情感、认同基础之上的社会资本，来自村民的理性协商、合作共治和心理认同，来自农村社会组织公共性的成长，来自社区意识、社区记忆、社区认同的整体性建构。村民通过村民议事会、村民理事会、村监会等协商性平台参与社区自治，开展协商沟通，增加村民之间、村民与村干部之间、村民与其他利益主体之间的理解和互动。① 通过农村社会组织内部的协商，社会组织之间的协商以及社会组织与农村两委的协商，培育农村社区社会资本，为乡村振兴和农村社区协商治理提供原动力和保障力。

---

① 黄家亮：《当前中国农村社会变迁与基层治理转型新趋势——基于若干地方经验的一个论纲》，《社会建设》2015 年第 6 期，第 107-115 页。

农村社区社会资本来自村民之间的信任、互动、参与、合作和交往，社会资本越是“经常使用”，它的厚度和广度就越是拓展，对农村社区协商治理的支撑和推动也就越大。但随着农村税费改革以及乡镇管理体制改革，乡镇逐渐从农村社区治理领域退出，转而通过村两委组织实现对农村社区的治理。免除农业税之后，农村社区赖以运转的“三提五统”都不存在了，乡镇政府、村两委组织、干部与村民的利益联结机制基本脱节了。这一方面给村民更多的自由和选择，释放了村民自治的活力和动力，但另一方面，也导致农村公共物品供给的不足，农村社区出现政权的“悬浮化”和农民的“原子化”并存的现象，事实上导致相当部分农村社区的“凋敝”和“衰败”。

针对这种困境，不是仅仅依靠国家财政的投入和政权力量的嵌入能解决的，应多管齐下，在借助乡村振兴战略实施和新型城镇化的契机外，更需要培育农村社区的社会资本，强化农村社区公共性构建，激发农村、农民的活力，而农村社区公共性和社会资本的建构，都需要大力发展农村社区协商民主，培育农村社会组织，强化多元主体的协商、共治和合作，在协商、沟通、互动中培育村民、村干部、乡镇政府之间的信任，在农村社区协商治理中激活“沉睡的社会资本”。

其三，建构农村社区精神共同体。农村社区文化促使差异、冲突和矛盾利益融合。农村社区具有人口规模相对较小、人口密度低、同质性强、流动性强、风俗习惯和生活方式受传统势力影响较大、社区成员血缘关系浓厚等特点。该特点形成了以地缘、血缘为基础的村落文化，这种伦理文化有效融合了农民个体利益差异、冲突和矛盾，实现了农民利益和谐共存；① 农村社区文化可以培育农民民主意识和民主经验，实现利益冲突、矛盾的规范化、民主化调节。目前我国农村实行村民直选，虽然可能出现了一些混乱和问题，却有效推进了农村民主政治建设，村民在直选的过程中学会了谈判、沟通、协调、了解和妥协，这些经验是

① 李增元：《协同治理及其在当代农村社区治理中的应用》，《学习与实践》2013年第12期，第98-106页。

民主过程中不可或缺的，如托克维尔所说，“正是在自治的过程中，美国公民在力所能及的有限的范围内，试者去管理社会，使自己的习惯与自由赖以实现的组织形式相一致……他们体会到这种组织形式的好处，产生了遵守秩序的志趣，了解权力和谐的优点，并对他们的义务的性质和权利范围终于形成明确的切合实际的概念”。①

协商基于农村社区治理不仅仅停留在“工具价值”层面，虽然协商治理能够很好地化解农村社区治理中的公共决策、执行等难题，推动农村社区治理的体系和能力现代化。但是，协商民主、协商治理更重要是一种理念、精神和价值的嵌入，通过协商民主建设，将协商贯彻农村社区治理的全过程，覆盖农村社区多元主体，协商已经成为联结村民之间、村民与村两委组织之间、村民与农村社会组织之间、村民与乡镇党委政府之间的重要桥梁。通过农村社区协商治理机制的完善，激发农村社区协商治理的乡土资源和文化底蕴，将协商成为农村社区治理的精神品格，形塑农村社区的乡规民约、自治章程和目标愿景。“有事好商量”“难事多商量”，协商蕴含的民主、参与、合作、信任、认同、理解等多种价值得到体现，并将协商作为推动农村社区治理的内生动力和机制保障。

二、农村社区协商治理的利益机制

马克思指出，社会是物质生产关系的总和，人民所奋斗的一切，都与他们的利益有关。② 根据德国政治学者哈贝马斯的观点，协商民主的生命力来自公共领域，即以社会组织为核心载体的协商民主机制，通过商谈达致沟通理性，促进善治。所以，下面重点针对农村社会组织在农村社区协商治理中的利益机制展开探讨。农村社会组织是农村社区协商

① 周庆智：《基层社会自治与社会治理现代转型》，《政治学研究》2016年第4期，第70-80页。

② 中共中央编译局：《马克思恩格斯选集》(第1卷)，北京：人民出版社2000年版，第60页。

治理结构中的内生性秩序和自治性主体，具有公共性、公益性、社会性、组织性和草根性的特征，它能够通过农村社会组织的协商功能，运用组织化整合机制实现农民的利益参与、运用多元化竞争机制增加农民的利益供给、运用社会化协调机制促进农民的利益和谐。

（一）利益参与：组织化整合机制

利益参与是农村社区协商治理有效性的前提和基础。但当前农村社区受市场化的冲击和农村社会转型的加速，农民利益参与呈现"原子化、碎片化、非理性化"倾向，制约了农村社区协商民主的发展和农村社区居民参与的动力和活力。① 如同样针对环境权益的维护和抗争，城市居民往往以采取理性、平和的方式表达诉求，强化多元利益主体的协商、沟通、互动和合作，而农村村民则更容易采用暴力、极端的方式进行利益诉求，其背后的原因很多，但城市居民和农村村民组织化程度的巨大差异是一个重要的原因。农民处于"原子化、个体化和分散化"的状态，缺乏组织化生活的经验和实践，缺乏协商的意识、技能以及制度性渠道。农村社会组织作为农村内生力量、治理主体和自组织，能够通过组织化的利益表达提升农民利益参与的质量和水平，形成更加理性、科学、民主的社区协商治理决策，促进农村社区秩序、活力、和谐的良性互动。②

其一，认同性利益聚合机制。农村利益复杂和利益主体多元化，农民利益诉求存在结构性、体制性和制度性矛盾。随着农村改革的深入推进，我国农村社会日益分化为多元阶层和利益群体，人们的兴趣、爱好、价值观念、经济利益多样化。农村社区的多元格局中数量巨大、种类繁多、彼此冲突的"局部性"的利益需要和个性化利益主张都需要诉求、表达。而受政治结构、社会体制和行政体制的限制，多元化的利益

① 张锋：《乡村振兴背景下农村社区协商治理机制研究》，《上海行政学院学报》2019 年第 6 期，第 82-90 页。

② 俞可平：《新移民运动、公民身份与制度变迁——对改革开放以来大规模农民工进城的一种政治学解释》，《经济社会体制比较》2010 年第 1 期，第 1-11 页。

诉求不同得到注重、重视和满足，导致公民利益表达渠道不畅，利益诉求方式“不理性”和粗暴，于是“群体性事件”也就爆发了。①。农村社会组织主要包括行业协会、商会类、科技类、公益慈善类、城乡社区服务类等四类社会组织，呈现自治性、公共性、公益性和专业性的特点，成员拥有相近的人生观、价值观和世界观，能够促进成员身份的认同性和成员利益的一致性，促进组织内部良好的协商、合作、互动和共治，强化内部成员的利益聚合，降低农民个体化利益认同、利益聚合、利益整合的制度性成本。②

随着农村社会转型加剧，农民“原子化”和“碎片化”现象突出，在以往发生的农村群体性事件过程中一直存在政府找不到合适的协商、沟通、谈判主体，导致基层政府直接面对数量众多的农民，不能准确捕捉农民的真正利益诉求，协商、沟通、合作的成本巨大，而且不容易控制群体性事件的态势。农民社会组织往往都是农民自愿加入，他们对组织有着较强的认同感和信任感，通过农村社会组织来凝聚分化的农民个体的利益，具有很强的针对性和实践性，能够很好地避免政府直接面对大量的、分散的农民个体。③

其二，组织化利益表达机制。农村社会组织作为一个具有公共性、公益性、专业性和草根性的组织体，通过内部成员的利益聚合，推动农村社区治理主体之间的民主协商，将涉及村民切身利益的实际困难和矛盾纠纷通过组织化的方式表达，提高村民利益诉求、利益表达、利益参与的质量和理性化水平，破解农村集体行动的困境以及利益诉求碎片化的难题，避免村民因个体的“非理性行为”引发农村社区治理的风险和

---

① 张锋等：《从群体性事件看民间组织的功能逻辑与发展路径》，《延边大学学报(社会科学版)》2010 年第 5 期，第 31-36 页。

② 田毅鹏：《农村社区治理能力现代化的新取向》，《政治学研究》2018 年第 1 期，第 111-114 页。

③ 党国英：《农村改革的逻辑》，《华中师范大学学报》2018 年第 5 期，第 49-50 页。

矛盾。①

通过组织化的利益表达，可以实现理性化利益参与，农民也可以通过组织化生活培育民主精神、民主技能和农民政治文化。同时，农民可以通过农民组织协调与其他群体之间的冲突。比如在云南孟连事件中，如果冲突双方都有自己的自治组织，假设是胶农协会和橡胶企业协会，那么在胶农与胶农企业的利益发生冲突时，双方可以通过各自的组织进行沟通协调，作为组织化的主体，双方的行为将较理性，矛盾的关键点也很好疏通，同时也可以降低双方的契约成本和信息成本，实现双方利益的最大化。② 所以，党和政府要进一步加强、引导、规范社会农民组织发展，发挥农民组织促进"增量民主"和政治参与的功能("增量民主"是我国政治学家俞可平教授提出的一个学术概念，"增量民主"的概念是和"存量民主"概念相对的范畴，而存量民主是指我国现有体制性民主，如人大选举、政协选举、党内民主、基层自治民主制度等民主形式)。③ 民主不仅仅是一种价值、一种权利，更是一种集体行动的技能。民主参与中的思想表达、沟通谈判、对话协商、妥协退让等都是技能，需要锻炼的舞台，需要长期培育的过程。而民间组织是一种组织化生活，也是"增量民主"的载体和舞台，民间组织可以培养农民民主意识和参与政治的能力。所以，在发展农民组织时，不能把各类民间组织的功能仅仅停留在"工具理性"(参与能力)的层次，停留在经济功能和社会功能的层面，更应该强化它们的"价值理性"(参与精神)。④

其三，理性化利益协商机制。农村社会组织通过组织内部治理结构的优化和治理机制创新，强化成员选举、协商、议事、谈判、沟通和妥

① 熊万胜：《当代农民集体：一个四维分析框架的讨论》，《社会发展研究》2015 年第 2 期，第 62-85 页。

② 张锋：《基于理性视角的群体性事件比较研究》，《延边大学学报(社会科学版)》2009 年第 4 期。

③ 庄龙玉：《农村社区治理：模式演进、方法转变与联动机制》，《行政论坛》2018 年第 4 期，第 116-121 页。

④ 李涛、王新强：《协商民主、选举民主与民主政治建设》，《政治学研究》2014 年第 3 期，第 73-81 页。

协等民主技能的训练，支持和帮助村民养成协商意识、掌握协商方法、提高协商能力，培育农村社区资本，建构农村社区公共性，推动既有民主又有集中、既尊重多数人意愿又保护少数人合法权益的农村社区利益协商治理机制。①

农村社区是村民在自愿和公益的基础上组成的，具有相对共同的生活背景和价值取向，他们的人生观、价值观、文化需求相对趋同和类似，能够在共同利益的基础上有效组织起来，做到用一个声音说话，每个组织成员的利益主张都能在社区内得到有效的表达、沟通，促使社区能够了解组织成员的利益主张；在利益主体多元化和利益需求多样化的今天，和谐利益的实现问题，尤其是农民弱势群体的和谐利益表达问题至关重要。所以我们在乡村振兴战略实施过程中要通过社区组织将农民组织起来，通过农村社区组织体系的建构实现和谐利益表达。② 农村社区组织是在农民利益一致，并在自愿和公益的基础上形成的，成员之间拥有相近的文化价值观，组织成员在组织内能够自由沟通，发表自己的看法、主张和要求，社区作为一种组织中介能够真正了解组织成员的利益需求，来平衡协调各个体利益的关系，使个体农民利益表达群体化、农民群体利益表达一致化，并将农民个体利益表达控制在合法的范围内，避免不正当的利益表达影响社会的稳定。③

农村社区作为一个组织体系，有更强的信息收集、分析、判断、处理能力，能够更好地实现组织的利益识别和利益判断，进而使代表的农民利益更加广泛、全面、系统，提高和谐利益诉求的质量；农民通过社会组织与政府对话、谈判和沟通，努力形成制度化参与公共政策的机制，构建一种“回应型”的制度产生机制。这既是对公民政治权利的尊

① 冯兴元：《乡村治理关键在于实现善治》，《华中师范大学学报(人文社会科学版)》2017 年第 5 期，第 7-10 页。

② 李志强、王庆华：《“结构—功能”互适性理论：转型农村创新社会管理研究新解释框架——基于农村社会组织的维度》，《南京农业大学学报(社会科学版)》2014 第 3 期，第 8-17 页。

③ 俞可平：《新移民运动、公民身份与制度变迁——对改革开放以来大规模农民工进城的一种政治学解释》，《经济社会体制比较》2010 年第 1 期，第 1-11 页。

重，也是维护社会和谐稳定的必须。如在甘肃陇南事件中，政府作出市行政中心搬迁的决定后，可以先和相关的自治组织、利益群体进行沟通，把市政中心搬迁的原因、要求及相关善后政策进行通报，倾听它们的意见，听取它们的心声，争取它们的支持和理解。这样政府可以通过民间组织进行社会动员，降低成本和风险，也提高政策的可接受性。①公民组织可以实现政府、社会与市场的互动，通过公民组织的政治参与，政府可以更好地了解公民的需求，这样政府在制定政策时，会更有针对性和实效性。同时，政府在进行制度供给时，对一些新的政策可以先通过公民组织的渠道进行动员和宣传，通过民间组织的资源优势，提高政策的可执行性和合法性，实现政府公民组织和公民的良性互动。

通过农村社会组织来实现利益表达，能够降低社会交易成本。由于农村利益主体数量巨大、分散，他们达成一致所需要的信息量较大，需要进行多次谈判、沟通、协商、妥协才能达成一致，信息、契约、时间、机会成本非常高昂。农村社会组织可以利用组织优势，在农村社会组织内部实现农民利益的整合，降低个体信息收集、分析、判断和处理的次数，既降低了农民个体利益表达成本，也克服了农民个体行为机会主义倾向和“搭便车”心理②。

(二)利益供给：多元化竞争机制

乡村振兴战略实施过程中的突出短板是农村社区基本公共服务供给的总量不足、结构不均衡、机制不协调，这已经成为制约农民获得感、幸福感和安全感的重要因素。当前对农村社区公共物品的理解大多停留在公共服务、公共设施等方面，尤其是这些年农村公共基础设施滞后于经济社会发展，国家推进新农村建设、乡村振兴战略等都很重视农村基

① 林丽丽、鲁可荣：《农村社会治理中的协商民主》，《长白学刊》2018 年第 3 期，第 72-78 页。

② 魏志荣、李先涛：《协商民主视角下社会组织政治参与问题研究》，《山东行政学院学报》2016 年第 6 期，第 1-7 页。

础设施和公共服务的供给。① 但是，农村社区的公共物品除了有形的教育、医疗、卫生、养老等公共服务和环境、水利、农业等基础设施外，还需要强化农村社区公共秩序、公共文化、公共精神等无形的“公共物品”的供给。随着乡村自治和农村税费改革后，某种程度上出现了乡镇基层政权在农村社区治理过程中的结构性退出，农村社区治理面临“悬浮化”和“割裂化”，从城乡互动和利益联结的角度存在城乡割裂的现象，从基层乡镇政府的角度存在基层政权的“悬浮化”，这导致农村公共秩序在某些方面存在混乱和薄弱，其根源是农村社区公共性和农村社区资源的匮乏，无法激发农村社区协商治理的内生动力和自觉行动。而协商元素的注入，能够很好地弥补当下农村社区治理中的“公共性缺失”和“社区资本匮乏”的难题。②

其一，增加农村社区公共物品的供给总量。自取消农业税以来，原来靠“三提五统”支撑农村社区公共服务的经费来源已经丧失，农村社区公共服务更多依赖上级政府的转移支付，导致农村社区公共物品供给总量不足和结构性失衡，历史欠账太多。农村社区公共服务是一种“非竞争性”和“消费非排他性”的公共物品，具有很强的外部性，市场缺乏动力参与社区公共物品供给。而处于国家政权末梢的乡镇政府受财政约束和信息成本制约，只能提供最基本、均质化和规模化的农村社区公共物品，农民对基本公共服务的需求不能得到有效满足和回应。③ 而农村社会组织内生于农村社区，熟悉村情，能够围绕农村社区公共服务的需求，通过协商民主机制参与农村社区公共物品的供给，增加农村社区公共物品的总量，弥补政府供给的不足。如针对农村社区矛盾纠纷的化解和调处，单纯依靠乡镇政府的司法力量既存在行政资源不足，也未必非

① 吴新叶：《农村社会管理何去何从：整体性治理视角的尝试性解读》，《理论探讨》2013 年第 2 期，第 145-149 页。

② 陈朋、王宏伟：《农村社会组织与农村公共危机管理》，《重庆社会科学》2013 年第 4 期，第 18-23 页。

③ 林丽丽、鲁可荣：《农村社会治理中的协商民主》，《长白学刊》2018 年第 3 期，第 72-78 页。

常契合农村纠纷的化解和调处的实际需求。这时候如果农村社会组织参与农村社区矛盾的化解和调处，充分发挥农村社会组织的乡土性、地缘性、内生性等优势，强化其"老娘舅"的功能，既可以降低政府的司法资源和行政成本，又灵活地解决了农村社区的矛盾纠纷，甚至收到"事半功倍"的效果。①

笔者在安徽北部的农村社区调研时，就经常遇到农村社区公共秩序的困境，典型的案例就是村民之间、家庭之间、邻里之间的纠纷问题。针对这类矛盾纠纷，本来我国农村具有很好的厌诉传统，重视村里的人情、关系、面子和声誉，农村社区内部协商解决可以灵活处理，兼顾到情、理、法之间的关系，既可以化解农村社区内部的纠纷，也尽量维护彼此之间的关系底线，尊重农民在一个熟人社会中的"面子"。针对这类问题，以往大多由村干部、家族长老、老教师、老党员等在村民中有一定威信的人组织协商解决。但是，随着农村社区转型加速和市场化的推动，农村社区传统的社区资本凋敝，村干部缺乏压力和动力，家族长老和老教师、老党员的权威逐渐降低，农村社区公共秩序这种公共物品的供给只能求助于国家，这样既不符合农村社区纠纷性质的实际，也增加了纠纷解决的成本，浪费国家司法资源。但是，当下农村社区缺失存在大量的类似案例，村民找村干部协调解决，村干部说他们主要做好公共服务，让村民走司法程序；村民找到乡镇干部、司法部门，他们又可能说这是村民自治范围内的事情，还是村民解决效果最好。本来很容易解决的农村社区纠纷在村、镇反复推诿和拖延之下，演变成村民上访、投诉、诉讼，甚至导致农村社区恶性刑事案件发生。

乡村振兴战略实施明确指出，治理有效是关键。针对农村社区公共秩序类公共物品的供给，可以探索党建引领下的农村社区协商治理机制，培育大量的农村社区组织，如老年协会、村民协商理事会、妇女理

① 赵晓峰、刘涛：《农村社会组织生命周期分析与政府角色转换机制探究——以鄂东南一个村庄社区发展理事会为例》，《中国农村观察》2012 年第 5 期，第 87-93 页。

事会等，激活农村社区蕴含的公共性和社区资本，推动农村社区公共秩序类的公共物品自我供给机制，并且农村社区公共物品自我供给更具有生命力，成本较低，风险可控。①

其二，形成农村社区公共物品的竞争格局。农村社区建设的持续性动力是促进农民利益的发展，以社区组织体的完善和创新来促进农民利益的增加，以社区组织的变革来实现社会结构的变迁，促进三元互动的社会结构下农民增量利益的实现，这是新农村社区建设的经济基础和动力之源。目前影响我国农民利益发展的关键是农村公共产品的供给数量、质量、结构。② 我国农村的公共产品供给存在严重的问题，以湖北省农村水利基础设施为例，由于受投资总量偏低的影响，修建于20世纪50、60年代的占51%，70年代的占35%，80年代以后的占14%，大部分已运行三四十年。同时，在水利设施运行过程中，病险设施数量多、比重大，全省排灌泵站老化率高达60%以上，782处大中型泵站电机和水泵老化率分别达到62.6%和70.8%，渠道建筑物老化率在40%以上。

农村社区公共物品主要有三类：资本密集型产品(农村供水、供电、道路、通信、文化场地、养老设施等基础设施、基础教育、金融体系、社会保障、医疗保健等)、技术密集型产品(预防病虫害、新品种试验和推广、农业技术培训等)、劳动力密集型产品(村民之间的生产互助、精神互助、生活互助、资金互助以及社区民主和社区自治活动等)。农村社区参与社区公共物品供给可以促成社会三元主体竞争互促，可以降低农村公共产品和准公共产品供给的成本，并且三元互动互促也增加了政府对农村社区公共产品供给创新的动力和挑战，实现制度

① 崔云朋、乔瑞金：《农村社区治理主体的实践困境与制度突破》，《社会治理》2017年第8期，第81-87页。

② 张锋：《农民利益诉求与新农村社区建设》，《云南行政学院学报》2008年第5期，第145-147页。

和谐变迁。下面我们来论证农村社区实现发展利益的功能。①

第一，农村社区通过组织化利益参与、表达，实现政府对资本密集型和技术密集型公共物品的供给，促进农民经济利益发展。农村社区具有公益性、自治性和组织性的特点，可以促进同质利益的认同、异质利益的协调和多维、多向利益之间的整合，使农村社区能够作为独立的组织载体实现农民利益代表和表达。个体利益通过农村社区充分诉求，展开政府和农民的对话、沟通与合作，政府可以更了解农民的呼声、农村社区通过影响政府公共政策促进利益发展，使政府加大对资本密集型和技术密集型公共产品的供给。②

第二，农村社区提供农民利益发展的准公共物品，为农民利益发展创造良好的社会环境。村民通过农村社区自主参与劳动力密集型和社区内部自治性公共物品供给，这类公共物品主要收益或成本不溢出社区，如社区安全、村规民约、纠纷仲裁、乡村道路、区域内防洪灌溉排水以及土地整理等，为农民利益发展提供基础环境。③

第三，农村社区促进农民利益发展提供组织保障。在经济市场化和市场专业化压力下，农民个体原子式参与和个体化竞争无法保障农民利益发展，通过对社区组织主体的培育，建构主体多元、功能互补和力量互动的社区组织体系，才能实现农民利益系统、全面和立体发展。如农村社区中集体经济组织、经济合作组织、公益组织、互益组织和自治组织有利于农民组织化参与市场经济，避免出现“大市场、小农户”的被动局面。社区经济组织发展可以增加农民就业，提高农业现代化、专业化水平，最终提高农民、农业和农村的竞争力和经济利益的发展。

传统的经济学理论认为，农村社区公共物品供给的最优主体是政

① 张锋：《乡村振兴背景下我国农村社区协商治理机制研究》，《上海行政学院学报》2019 年第 6 期，第 82-90 页。

② 李志强：《中层场域：农村社会组织研究新框架——“结构—行动”互构性路径分析》，《内蒙古社会科学(汉文版)》2016 年第 3 期，第 149-154 页。

③ 黄辉祥：《农村社会组织：生长逻辑、治理功能与发展路径》，《江汉论坛》2016 年第 11 期，第 61-66 页。

府，它能够通过行政化、规模化、标准化的方式，降低农村社区公共物品供给的边际成本，增加农村社区治理的总福利。① 但是，随着我国农村社会的变迁和社区治理结构的转型，农村社区流动性加剧，农村内部阶层的分化加大，农民需求的个性化、多样化和差异化倾向日益明显，政府作为单一主体供给农村社区公共物品的信息成本、实施成本和制度成本太大。同时，政府具有“理性人”思维，受财政预算、政绩考核、信息成本、激励机制等因素影响，可能会出现“供给不足、供给过度和供给失衡”等现象。农村社会组织参与农村社区公共物品的供给，充分发挥农村社会组织的桥梁和纽带作用，可以促进基层党委、政府、村两委、市场主体、社会组织、村民等乡村社区治理主体之间的协商、协同、协调，能够形成多元主体参与农村社区公共物品供给的竞争格局，促进农村社区公共物品供给的“帕累托最优”。②

笔者调研发现，农村社区治理过程中经常会遇到这样的怪事，基层乡镇政府和村两委做了很多公共设施和公共服务的投入，钱也花了很多，但村民往往并不满意，甚至遭到老百姓的抱怨和指责，这种事情很让基层乡镇干部和村两委干部灰心，甚至有个别干部认为“老百姓的胃口越来越大了”，这就很有必要好好反思我们基层党委、政府和村两委在提供公共设施和公共服务之前有没有和村民协商，有没有认真听取村民的意见和建议，有没有将提供基础设施建设和公共服务过程中的相关信息公开，并接受村民的监督。这暴露了农村社区治理过程中，乡镇政府和村两委容易按照行政化思维工作，缺乏与民协商的意识和能力。比如，笔者调研的一个上海郊区农村社区，乡镇政府和村两委花费很大的精力为村里建造村民健身活动场所，本来这是一个大好事，但是这个村民活动服务场所却建在村党支部、村委会驻地旁边，离村民居住点距离较远，村民来这里健身太不方便，有村民就抱怨说，这个健身场所是为

① 门献敏：《在社会治理体系创新中提升农村社会组织公共服务能力》，《学术交流》2014 年第 8 期，第 186-191 页。

② 黄辉祥、刘宁：《农村社会组织：生长逻辑、治理功能和发展路径》，《江汉论坛》2016 年第 11 期，第 61-66 页。

村干部建造的，不是为我们村民建的；同时，在建造健身活动场所的过程中，经费使用、工程质量、运营管理情况的公开度还不够，村民对此“闲话很多”。这就是典型的“出力不讨好”的个案，也反映了农村社区协商治理的重要性和必要性。①

为了更好地强化乡镇政府、村两委和村民之间的协商、沟通和合作，还应加大农村社区社会组织的培育、规范和管理，发挥农村社会组织的草根性、地缘性、业缘性、专业性、公益性、公共性等优势，使其能够在乡镇政府、村两委、村民之间发挥桥梁和纽带作用，帮助乡镇政府、村两委能够比较真实、全面和系统地了解农民的利益诉求和价值偏好。随着国家强化对乡村振兴战略推动，大量的资金、项目和资源向农村社区转移，在这个过程中，特别需要发挥农村社区社会组织的桥梁和纽带作用，避免信息的不对称。但当前农村社会组织很不是很完善，很多政府购买服务的项目还不能承接，或者即使承接了，服务的质量和效果也不是很好。②

其三，提供农村社区差异化的公共物品。针对农村社区个性化、灵活性和差异化的公共产品，农村社会组织具有独特的优势，能够充分发挥扎根基层、贴近群众、来自社区、专业公益的信息优势、情感优势、功能优势和组织优势，通过协商、参与、合作、承接等方式提供有针对性的农村社区公共服务，极大地降低了农村社区公共物品供给的成本，提升了农村社区公共物品供给的针对性和有效性。如农村社区的养老、助残、青少年教育、帮困救助等公共服务，这些社区性的公共物品供给，通过购买服务的方式，充分对其“赋权”和“增能”，激发农村社会组织的活力和动力，探索农村社会组织的参与社区公共物品供给的机制，建构“政党—国家—社区—农村社会组织—农民”的协商治理机制。农村社区可以形成多元主体共同促进农民利益发展的格局。社区多种主

① 张锋：《乡村振兴视域下农村社区协商治理机制研究》，《上海行政学院学报》2019 年第 6 期，第 82-90 页。

② 张锋、辛晨：《新农村社区整合机制研究——以利益分析为视角》，《长白学刊》2017 年第 6 期，第 103-107 页。

体参与乡村振兴战略实施，形成主体多元化竞争和功能性互补的局面，可以直接改变农民利益发展的方式、形式、质量和结构，提高农民利益发展的总量、质量和效益。①

农村社区可以实现农民差异化利益发展。乡村振兴战略实施中，农村社会日益分化为众多的阶层和利益群体，人们的兴趣、爱好、价值观念、利益多样化。对这些个性化的准公共物品，由于政府的经济人假设，政府在成本收益的压力下，往往只供给统一、单一的公共产品，实现政府供给的规模优势，也没有能力满足个别农村利益群体的需求。②农村社区却能够有效支持农村社区多元格局和多元文化，满足农村中数量巨大、种类繁多、彼此冲突的“局部性”的利益需要，实现他们个性化利益、差异利益发展。

如针对农村养老问题，尤其是我国发达城市郊区的农村，大多是独生子女，很多人在城市工作，无法兼顾到老人的养老问题，如果按照城市一样建养老院，一方面可能价格高昂，农村老人和家庭负担不起，另一方面政府需要投入大量的物力、人力和财力，对乡镇基层政府的公共财政也是一个巨大的压力；并且，统一入驻养老院的模式可能适合城市老人，不一定适合农村老人的生活习惯。面临农村社区老人养老问题，就不能简单套用发达国家的模式和城市的模式，应该尊重农村社区老人的实际，探索农村社区特色的养老模式。上海松江区叶榭镇的“幸福老人村”就是一个很好的案例，通过农村社区公益组织与乡镇政府、村委会协商合作，通过政府投资建造，引入社会资本，实行第三方运营的模式，比较好地实现了农村社区老人既可以享受养老服务保障，又无需离开自己熟悉的乡村，依然生活在自己的“熟人社会”中，同时也盘活了农村闲置的宅基地和集体建设用地，并且农民社区老人及家庭不需要承担较大的经济费用，这就是一个典型的多元合作、协商治理的农村社区

① 蔡斯敏：《乡村治理变迁下的农村社会组织》，《西北农林科技大学学报（社会科学版）》2012 年第 5 期，第 115-119 页。

② 吕方：《再造乡土团结：农村社会组织发展与“新公共性”》，《南开学报（哲学社会科学版）》2013 年第 3 期，第 133-138 页。

公共物品供给的案例。① 当然，要更好地提供农村社区差异化的公共物品，除了需要培养大量的农村社会组织外，还需要完善基层乡镇政府、村两委组织、农村社会组织以及村民(居民)等多元主体的制度性协商合作机制，尤其是在乡村振兴战略实施的背景下，要通过农村社区组织更好地激活社会力量和市场力量参与农村社区协商治理。

(三)利益和谐：社会化协调机制

亨廷顿认为，加速转型的社会将面临更多的风险和不确定性，受农村社区协商治理体系和协商治理能力现代化程度制约，我国农村社区治理进入风险矛盾高发期，急需探索社会化利益协调机制，化解预防农村社区的风险矛盾，完善农村社区性的利益协商机制，强化农村社区公共性的利益引导机制，促进农村社区的利益和谐。

其一，专业化的矛盾调解机制。传统农村社区是一个熟人社会，村民之间依靠血缘、地缘、姻缘、亲缘形成一个独特的“差序格局”，以此来处理村民之间的利益关系。随着农村社区转型的加剧，农村社区走向一个“半熟人社会”，甚至一定程度上的“陌生人社会”，农村社区人口结构更加分化、流动、多元，农民之间的矛盾纠纷也更加复杂化和多样化，传统的矛盾调解机制经常遇到政策和法律的瓶颈，需要引入专业化的矛盾调解机构。大量农村社区专业从事矛盾调解的社会组织，强化农村社区矛盾的协商和调解，如农村社区的“法律诊所”“老娘舅”“老年协会”等，能够发挥独特的资源优势，既有专业的法律服务组织，又有能体现乡村特色的“草根组织”，建构农村社区逐渐消解的“社区共同体精神”，推动农村社区矛盾风险的专业化调解。②

为提升农村社区矛盾调解的针对性和有效性，需要对农村社区各类

① 刘瑜：《农村社会组织：促进社会善治重要力量》，《人民论坛》2013 年第 9 期，第 60-61 页。

② 姚远：《“激活”与“吸纳”的互动——走出协商民主的中国社会治理模式》，《北京大学学报(哲学社会科学版)》2013 年第 2 期，第 141-146 页。

矛盾进行分层、分类协商解决，需要建构多元化的矛盾化解机制。[①] 针对传统的邻里纠纷、家庭矛盾等，可以使农村社区中村干部、家族长老、有威信的老党员、老教师等充分参与农村社区矛盾的协商化解，也可以探索农村社区的社会组织参与协商调解，如老年协会、妇女理事会等。农村社区本土的治理资源参与农村社区矛盾的化解，能够降低矛盾化解的成本和风险。充分发挥农村社区“熟人社会”的优势，通过协商、沟通、调解等方式，在化解矛盾的同时也尽量维护农村社区邻里之间、家庭之间的“面子”“情感”和“关系”，如很多农村社区的“老娘舅”“老年协会”等就对邻里纠纷、家庭矛盾的化解起到很好的作用。[②]

具有一定专业性的矛盾，如宅基地纠纷、夫妻离婚财产分割、环境侵权等，这类社区矛盾具有较强的专业性、法律性，不仅仅需要情感协商、调解，还需要熟悉相关法律法规，要使矛盾化解既合理又合法，在矛盾化解的过程中兼顾“情理法”的统一。协商治理依然为该类矛盾化解提供了视角和路径，通过引入专家、律师、社会机构等专业性力量参与农村社区矛盾的化解，既可以发挥传统的协商沟通调解优势，也通过第三方力量的参与，形成多元参与的基层矛盾化解机制，提升农村社区矛盾化解的专业性、科学性和有效性。

乡镇政府、村两委与村民的矛盾比较特殊，针对这类矛盾，村两委组织和干部往往无法取得村民的信任和理解，应该重点通过农村社区等草根性的社会组织来协商、沟通，体现协商沟通主体的独立性、公正性和公益性。[③] 以曾经备受关注的“乌坎事件”来分析，“乌坎事件”的发生是因为村民对村干部处置土地、财务、换届等问题的不满，合理的诉求得不到体制的尊重、认同和回应，最后导致爆发群体性事件。当地政

① 周志忍、徐艳晴：《基于变革管理视角对三十年来机构改革的审视》，《中国社会科学》2014 年第 7 期，第 66-86 页。

② 张锋等：《新农村建设中农村基层党风廉政建设的实践与思考——以上海金山区为例》，《云南行政学院学报》2012 年第 3 期，第 99-102 页。

③ 罗尔斯：《作为公平的正义：正义新论》，姚大志译，上海：上海三联书店 2002 年版，第 135 页。

府在处置和解决“乌坎危机”过程中，具有草根性质的社会组织“乌坎村民临时代表理事会”“乌坎村妇女代表联合会”就起到了、发挥了重要的作用。“乌坎村民临时代表理事会”“乌坎村妇女代表联合会”发挥自己的民间性优势，聚集村民的多种利益诉求，并对差异化利益进行整理、判断、分析、表达，使众多的村民的利益能凝聚在一个组织中，与当地政府负责人进行沟通、协商。这种组织化的利益整合降低了村民利益表达的成本，提高了村民利益诉求的质量，政府也可以通过“乌坎村民临时代表理事会”“乌坎村妇女代表联合会”了解村民的根本利益诉求，找到政府与村民矛盾冲突的关键点，为“乌坎危机”的理性化解决搭建平台。反之，在“乌坎事件”中，若缺少“乌坎村民临时代表理事会”“乌坎村妇女代表联合会”这类草根组织，政府需要与众多的村民沟通协调，而村民也由于利益诉求的差异而陷入混乱，既不利于群体性事件的化解，也增加了群体性事件治理的社会成本。①

其二，社区性的利益协商机制。农村社会组织为党委政府与村党组织、村委会、村民之间架起了协商、沟通桥梁，已经成为农村社区多元主体利益协商的关键性主体，农村社会组织通过购买服务等方式，既可以代表政府和村两委宣传政策、文件、法律，体现一定的公共性和公益性，又可以凝聚村民多元化、分散化、个性化的利益诉求，体现一定的草根性和自治性，通过党委政府、村两委、农村社会组织、农民之间的社区性协商机制，将农村社会组织协商民主嵌入乡村社区协商治理的体制机制，以社区性利益协商机制推动党建引领下的乡村自治、法治、德治、共治的“四治协同”。②

笔者调研发现，当下农村社区已经发生巨大的变化，农村社区不再是传统意义上的封闭的生活共同体，尤其是我国经济社会比较发达的省市，农村社区的人口、产业、要素、文化都更加复杂多元，农村社区居

① 张锋：《基于理性视角的群体性事件比较研究》，《延边大学学报(社会科学版)》2009 年第 4 期，第 33-37 页。

② 魏志荣、李先涛：《协商民主视角下社会组织政治参与问题研究》，《山东行政学院学报》2016 年第 6 期，第 36 页。

民关于公共物品的需求也呈现出个性化趋势，但针对差异性的公共物品供给，国家并不具有信息优势、经济优势和灵活性优势，急需大量的农村社区组织参与农村社区个性化公共物品的供给。① 以笔者调研的一个新型农村社区为例，该社区是一个农民动迁小区，居民比较复杂，既有大量原住村民，也有一些外来人口购房住户，导致该小区人口结构、就业结构非常复杂。关于居住小区的公共空间绿化就成为令村两委头疼的一个突出问题。大量原住村民长期习惯在宅基地空闲位置种菜，既可以减少日常生活开支，也可以吃到绿色健康的蔬菜，并且这也是他们长期的一种生活方式，于是很多原住村民就在小区绿化空间种菜，甚至出现养鸡的个案；而一些外来居民，大多是因为就业等原因购买房屋居住的外来人，他们大多习惯城市小区的生活，希望小区环境更加舒适，对原住村民的种菜养鸡行为不能接受，认为其侵犯了自己的小区居民权益，多次到村两委、物业反映，虽经村两委、物业等协调解决，但效果不好。②

针对同样的问题，安徽合肥经开区锦绣社区探索“协商议事六步法”，从理念、组织、程序、机制、制度等维度入手，系统建构农村社区协商治理机制，取得了良好的效果。首先社区党委成立“两长四员”党员志愿者服务队，搭建协商议事的组织平台；规范“协商议事六步法”，完善党群议事机制，由社区党委牵头，联合物业、志愿者、村民代表成立小区协商议事委员会，既充分坚持农村社区党组织的领导和党建引领，又兼顾农村社区治理中各方利益主体，体现了较强的代表性。③ 为保障协商议事的科学性、公正性和民主性，在组成协商议事委员会的15名成员中，群众代表占比超过60%，党员占比超过40%。议

① 胡中应：《社会资本视角下的乡村振兴战略研究》，《经济问题》2018年第5期，第53-58页。

② 张锋等：《上海农村新型社区治理面临的挑战与对策》，《党政论坛》2014年第3期，第51-53页。

③ 张锋：《乡村振兴背景下农村社区协商治理机制研究》，《上海行政学院学报》2019年第6期，第82-90页。

事委员会由村(居)委会党组织书记主持，由社区党委代表对议事全过程进行监督指导。议事过程专人记录，并现场邀请5名相关利益群众代表现场旁听监督，充分体现协商、参与、合作和沟通。实施“六步”议事机制：多种渠道“提议题”是指每年收集居民意见和诉求，汇总成为议题，保证协商议题的广泛性和村民诉求的代表性；多方恳谈“出主意”是指对收集的议题进行分类，由党组织、协商议事委召集相关利害关系人、单位代表及居民代表民主恳谈会，提出解决问题的初步建议，通过分类讨论提升社区议事协商的针对性和有效性；各方意见“拟方案”是指由协商议事委根据恳谈会初步建议，拟定解决问题草案，保证协商议事的操作性；张榜公示“开言路”是指将草案张榜公示，广泛征求居民意见，接受村(居)民的监督；组织审查“定公约”是指组织专题会议或邀请法律、社会管理专业人士对草案审查把关，体现协商方案的科学性和专业性；居民表决“说了算”是指将公约或方案提交居民代表会议，2/3以上通过后实施，体现协商治理的公正性和民主性。安徽合肥经开区锦绣社区探索的“协商议事六步法”有效化解了农村社区治理中一些“老大难”问题，并且形成一个启动、参与、协商、公开、监督完整的闭环，对我国农村社区协商治理具有较强的借鉴意义。①

其三，公共性的利益引导机制。当前，农村社区出现比较严重的“空心化、老龄化、碎片化”的现象，大量留守老人、留守儿童、留守妇女生活在农村社区，已经成为引发农村社区风险矛盾的重要因素。大量农村弱势群体不仅面临物质生活的压力，还面临精神和心理的多重压力，容易出现心理失衡和极端行为，不少农村恶性、极端的刑事案件，往往是长期精神压抑、心理失衡且得不到有效疏导的结果。党的十九大报告指出，要加强社会心理服务体系建设，培育自尊自信、理性平和、积极向上的社会心态，就充分体现了党中央对农村社区心理风险的高度重视。要依托专业化的社会工作服务机构，建构公共性的利益引导机

① 江维国、李立清：《顶层设计与基层实践响应：乡村振兴下的乡村治理创新研究》，《马克思主义与现实》2018年第4期，第186-195页。

制，发挥农村社会组织的专业性、志愿性和公益性的功能，加强对农村社区特殊群体的心理调适、人文关怀和精神健康服务，培育农村社区的公共性、民主性和价值性。①

如杭州西湖区坚持“善治、善理、善为”三原则，运用社会工作的“柔性”服务特点，重点引导全区 21 家社会工作服务机构、866 名社会工作师，针对农村社区空巢老人、帮扶对象、困境家庭、留守儿童等特殊群体，开展心理、教育、健康、激励等专业化服务，通过专业化社会服务机构强化对农村弱势群体的心理疏导、公共服务等。近年来，该区灵隐街道润心社会工作服务中心为全区 260 名司法矫正人员开展学习教育、心理疏导、劳动实践等服务，取得良好社会效应。紫薇花家庭服务中心长期跟踪服务 11 名农村困境儿童，帮助其解决上学、交流、生活等困难。

综上所述，农村社区协商治理机制能够有效化解和回应乡村振兴过程中面临的风险和挑战，实现了“三个方面”的拓展、创新、优化：其一，拓展了农村社区治理的主体结构。改变传统乡村治理过程中村级党组织、村委会、村民代表、村民这种纵向的治理，吸纳了农村社会组织、专家、律师等主体参与农村社区治理，实现了乡村治理对社会力量的“激活”和“吸纳”。其二，创新了农村社区治理的协商程序。基于协商民主的制度性嵌入，从协商主体、协商内容、协商形式、协商反馈、协商监督入手，健全了系统化的协商程序，培育了村民的理性精神和民主能力，建构了农村社区资本和公共性。其三，优化了农村社区治理的格局。通过农村社区协商与乡镇人大协商的互动、衔接，优化了政府治理、村民自治、社会协同的良性格局，促进了农村社区自治、德治、法治和共治的协同联动。

当然，运行乡村振兴背景下农村社区协商治理机制需要处理好“三个问题”：一是如何厘清农村社区协商治理的边界。哪些议题更适合协

① 张锋：《乡村振兴视域下农村社区协商治理机制研究》，《上海行政学院学报》2019 年第 6 期，第 82-90 页。

商治理解决，哪些议题不能纳入协商治理范围，不能以协商治理为由突破法律、法规的要求，更不能以协商治理的方式损害农民、村集体以及农村社会组织等合法权益。二是如何保障协商治理过程中“少数”村民的利益。协商是一种理念和价值，更是一种能力和权利，乡村精英更易于操控社区协商治理的议题、程序、流程、结果等，要避免协商治理中的“精英主义”，防止忽视或损害“沉默的少数”。三是如何提高协商治理的效率。农村社区协商治理是一个系统工程，从协商主体、协同议题、协商方式、协商载体到协商结果、协商评估反馈等，乡村治理中各利益主体之间的协商、沟通、博弈、互动都需要巨大的信息成本、契约成本、执行成本、监督成本，甚至出现“协商僵局”，制约了农村社区协商治理的效率。① 所以，要更好地发挥农村社区协商治理在乡村振兴中的作用，应加强农村基层党组织建设，完善村民自治制度，大力培育农村社区社会组织，挖掘农村社区治理的本土资源，激发农村社区传统文化的活力，系统建构农村社区协商治理的党建引领机制、多元参与机制、规范化保障机制、法治化支撑机制、衔接联动机制。

---

① 张锋：《乡村振兴视域下农村社区协商治理机制研究》，《上海行政学院学报》2019 年第 6 期，第 82-90 页。

第四章　农村社区协商治理的制约因素

目前的乡村社会，不同于传统时期封闭、孤立、同质的乡村共同体，整个乡村社会处于一个转型的关键时期。[①] 农村社区协商治理作为一种新型乡村治理机制，实践中还面临一些瓶颈，如农村社区协商治理的理念存在偏差，协商治理的主体结构不优、能力不强，协商治理的内容失衡，协商治理法治化程度不高，协商治理机制与乡村治理制度的衔接、互动、联动不够等。基层协商民主的有效运行建立在各主体相对均衡的力量博弈、互动基础之上，并使民众在协商治理体系中占据重要的主体性位置。[②] 我们必须认识到农村社区还处于发展过程之中，受经济发展水平和政策环境等因素影响，发展很不均衡，面临着认识困境、成长困境、管理困境、法律困境和能力困境。[③] 本章基于对农村社区协商治理的利益机制分析，结合农村社区协商治理的基本特征和功能逻辑，从体制机制、结构体系、能力方式等方面，反思我国农村社区协商治理面临的突出问题，为完善农村社区协商治理的制度体系提供思路和视角。

---

① 赖晨野：《村民自治视角下农村社会组织发展的困境》，《和田师范专科学校学报》2014 年第 8 期，第 16 页。

② 李德虎：《基层协商民主的制度性追求与制度化路径》，《求索》2019 年第 4 期，第 82 页。

③ 赵友华：《城镇化背景下农村社会组织发展困境及化解路径》，《城市学刊》2015 年第 1 期，第 110-111 页。

一、农村社区协商治理的理念存在偏差

瓦拉德斯指出："协商民主是一种具有巨大潜能的民主治理形式，它能够有效回应文化间对话和多元文化社会认知的某些核心问题。它尤其强调对于公共利益的责任、促进政治话语的相互理解、辨别所有政治意愿，以及支持那些重视所有人需求与利益的具有集体约束力的政策。"①协商民主能够有效进行的前提是参与者对协商治理的理念价值有基本认同，愿意用平等讨论沟通等方式达成共识，而不是简单地为了达到某种目的的权宜之策，中国农村的协商民主治理在推进的过程中伴随着理念的修正和认同的过程。

（一）缺乏协商治理的价值认同

协商治理首先需要人们对协商需求和价值的认同。随着农村社区转型的加速，为了更好提升农村社区治理效果，不少地方都进行了农村社区协商治理的探索，取得了一定的成效。但是，从整体上看还存在不平衡、不充分的问题，特别是对协商治理理念的认识存在较大的偏差。伴随着农业产业化、农村城镇化和农民居民化进程的日益深入，农村社区打破了传统以家庭为重要特征的农村村民分化结构。② 这些变化带来的是农民参与的需求与参与的能力之间的矛盾，比如，协商治理中普遍存在的工具理性，只重视结果，忽视协商的过程和程序。又如，民主参与意识薄弱，习惯于被动服从，不愿意主动参与。究其原因是习惯了只关心自己生活中的细小事情，更习惯于参与家族、宗族活动，而不是社区

① 刘宁、黄辉祥：《组织维稳与集体失范：农村社会组织角色冲突分析》，《东南学术》2015 年第 3 期，第 50 页。

② 王洪树等：《农村社区协商治理机制建设研究》，人民出版社 2018 年版，第 126 页。

活动。显然，还没有形成参与、协商和权利等现代社区民主意识。① 协商价值认同缺乏，也成为农村社区协商民主持续深入推进的最大障碍，尤其是在关系到切身利益事务的协商过程中，农民一旦认为协商只是个形式，并不能解决问题，或者自身利益并没有得到应有的维护，就会强化农民内心对协商民主价值的怀疑和漠视。

农村干部的治理思维是引领农民形成协商价值认同的关键因素，这也是分析协商治理价值认同的重要维度。为什么农民参与协商治理的积极性不高，从现实的体制环境来看，除了可供农民采用的制度渠道、途径和方式较为有限外，原因还有农村缺乏协商治理的价值认同，村干部沿用管理思维进行治理。比如，在一项调查中发现，76.3%的干部没有真正明白什么是农村社会治理，还在用传统的“管理”思维推动治理改革，没有形成“治理”思维。在推进农村社区治理实验区建设过程中，仍然只强调“上级目标”“上级要求”，没有真正从农民的“共同需要”“共享利益”出发。② 因此，可以看出，在我国农村仍然呈现出以动员参与为基础的高参与率与缺乏主动参与的政治冷漠并存的状况，农民在协商治理的过程中主体地位没有得到应有的尊重和体现，只是被动地参与到被安排的活动中，难以真正激发农民参与协商民主的内生动力，这也是协商民主自主性不够的主要原因。

进一步分析，影响农民对协商民主价值认同的因素还有利益分化的现实问题。缺乏实实在在的利益是协商民主认同缺乏的重要表现，一些只有协商参与形式而没有实质内容的协商民主，最终也会被农民所抛弃。在农村社区民主协商的过程中，由于农村利益分化严重，参与协商的主体可能会对议题表现出不同的态度并难以调和，这必然导致民主协

① 乔成邦：《新型城镇化背景下农村社区治理：功能、困境与转型》，《中共成都市委党校学报》2017 年第 4 期，第 78 页。

② 李诗悦：《农村社区治理创新的现实困境与对策研究——基于湖南 23 个实验区的调查》，《江西社会科学》2017 年第 10 期，第 239 页。

商不欢而散、无果而终。[①] 一切民主形式最终都是被各种利益所左右的，农村的协商民主也不例外，农民愿意参与协商过程，包括对协商结果的认同和遵守，也是建立在对其利益维护的基础之上的，或者说是利益的公正维护。因此，必须站在有效维护农民利益的角度看待协商民主的价值认同，要让农民在协商民主的过程中看到或者感受到公平公正的对待。

协商民主价值认同缺乏也表现为一种偏见，就是简单地把协商价值看成一种观念，认为只要向农民宣传到位就行了，或者是认为已经启发教育农民就会使其对协商民主价值给予认同。实际上协商治理理念认同需要在实践中培育养成，必须让农民在协商民主治理的参与中体验到协商民主治理的好处，在协商民主治理的获得感中强化协商治理的理念，形成农民参与社区协商治理的正向循环，为农村基层协商治理奠定共识。可见，协商民主价值认同需要久久为功，需要持续、反复地实践和推进，绝不是轻轻松松、简简单单就能实现的。如果脱离农村和农民的实际情况来谈协商价值认同，那么其本身就是空中楼阁，更不用说发挥其在农村治理中的独特作用。

（二）过分重视协商治理工具性

所谓协商治理中的工具性，指的是在农村社区协商治理的过程中的实用主义，村干部仅仅把协商作为一种形式，并未真正把农民作为协商的主体看待。实际上基层协商民主是在基层组织的引领下村民讨论社区公共事务，并充分发表意见，进行协商沟通，最终达成共识的民主过程。这一过程是形式与内容的有机统一，如果抛开实质内容，协商的形式就空洞无物；它也是基层组织与村民的良性互动，协商治理的过程不能缺少任何一方。协商治理本身就是工具理性和价值理性的统一，二者的不一致主要是在实践层面中出现偏差，以及由这种偏差行为导致认识

---

① 季丽新、高宝琴、李恒年：《农民政治水平和农村民主协商治理机制研究》，中国社会科学出版社 2017 年版，第 72 页。

上的背离，导致协商治理的价值认同下降。

如何看待协商治理的工具理性？有学者认为协商民主机制在中国乡村首先被作为一种治理工具而创造，其后在多种治理主体的多元互动下逐渐演变为治理机制。① 在这里强调的是其作为民主参与的工具，村民参与协商治理离不开制度化的载体和渠道，这也是农村基层治理的重要形式。简而言之，协商治理作为民主参与的工具是农村社区协商治理必不可少的条件和保障，但是自始至终这个工具都不能离开民主参与治理的这个主题。正因为如此，在农村社区协商治理过程中不能过分强调其工具性，而忽视其价值性，从工具理性的角度来认识农村社区协商能力是不全面的，还必须从价值理性层面来考察农村社区协商能力。② 就是说必须把工具理性和价值理性统一起来，避免过分强调工具理性，导致协商治理沦为单一的形式。

协商治理只重视社区协商治理的工具性，可能会导致协商的不可持续性。③ 协商民主作为基层治理的重要环节之一，其发挥治理效能需要持续参与，过分强调协商治理的工具性就会把协商治理程式化和技术化，反而在真正需要参与的时候难以发挥作用，或者是村民和基层组织都不会使用这一工具，这也是过分工具性导致的，大家也会认为其只是一个形式而已，并不能真正解决问题，尤其是在利益矛盾尖锐的时候，更容易把协商治理抛在一边，弃之不用，协商治理成了一种功利性的民主参与摆设，更难以在农村社区治理中持续发力。

一旦形成协商民主的工具性的偏差，就会消减掉基层协商民主的内生动力，对农村社区协商治理造成致命打击。造成协商民主工具性的原因是多方面的，既有村干部和农民自身的民主素养和能力的原因，也有

① 杜何琪：《从工具到机制：农村协商民主的生长过程与局限——来自苏南某村庄的案例》，《中国农业大学学报(社会科学版)》2017 年第 4 期，第 90 页。

② 孙发锋：《当前中国社会组织协商能力的要素、特征及提升路径》，《学术研究》2019 年第 11 期，第 58 页。

③ 张立伟：《我国农村社区协商治理的现状、困境及发展对策——基于全国 7 个农村社区治理实验区的分析》，《行政论坛》2019 年第 3 期，第 48 页。

在具体的协商过程中缺乏有效互动，导致农民政治参与的积极性降低的原因。防止协商治理中出现工具性的倾向，就需要在协商治理的意识上多下工夫，尤其是可以借助一些社会组织的专业力量，帮助农民组织化和专业化地参与到协商治理的过程中，并且在这一过程中提高认同和能力。可见解决这一问题，既要从村民的思想认识入手，更要从村民通过协商民主载体参与的能力入手，尤其需要在协商民主的实践中让基层群众认识到其治理价值，让协商民主发挥其在农村社区治理中的独特功能。

当然，避免过分强调协商治理工具理性本身也不是完全否定其工具理性的价值，在思想认识上不能从一个极端走向另一个极端，如果只是概念式地讲解协商治理，就会成为空洞说教，更容易导致人们对协商治理的认同缺失。协商治理的工具理性和价值理性犹如一个硬币的两面，两者密不可分，需要我们高度关注的是要在工具理性中彰显其价值理性，在民主参与的形式中保证协商治理的价值和成效。

(三)协商治理的定位有所偏差

乡村有效治理的协商机制运用，核心是平等主体基于理性的公共协商，从而健全完善制度规则、提升治理推进能力，并促进各类主体的权力边界的再确认。① 在我国，政府在社区治理中具有主导性地位和绝对的优势，在农村社区协商治理中也不例外，村委会作为基层自治组织承担了农村基层治理大部分功能，村委会虽然是基层自治组织，但是其承担了大量政府管理职能，掌握着农村经济社会发展中的各种资源，在农村社会治理中占据着主导地位和支配地位。村民作为个体，在参与农村社区治理中明显处于弱势地位，借助农村社会组织参与社会治理是其必然选择，但是由于农民自身分散的原因，就是在合作社等社会组织带动下，其参与社区治理的意愿和能力依然处于弱势，自己也会习惯于被动

① 陈晓运：《乡村有效治理的基层协商机制探析——基于广州市下围村探索的实证分析》，《广州大学学报(社会科学版)》2019 年第 1 期，第 70 页。

参与社会治理，习惯于被代表和听从村委会的决策安排。因此，也可以看出这种定位差异主要表现在心理上，以一种先入为主的思维定式来看待协商治理的价值，这种定位上的不平衡在根源上造成村民参与社区治理的主动性不强，对协商治理的期待不高等问题。

协商治理定位不准的结果就是导致农村社区协商治理变成独角戏，村委会和村民主要的双方参与出现不平衡现象，没有村民的广泛参与，协商治理就失去了协商的意义，协商治理的质量也难以保证，协商治理的机制也会不同程度地扭曲变形。正是这个原因造成协商治理自身定位不准，或者说协商治理的相对独立性不够，大多数情况下是依附于基层组织的管理行为，往往是在结果定了之后的协商，协商治理有名无实，或者说协商的程度远远不够，协商治理变成了装饰点缀的形式。

民主都在细节之中，协商治理定位不准在基层民主实践中的表现为更为真实具体，农民会从自己的亲身体验中评价协商治理的作用大小。一项关于农民参与治理的调查也发现，81.9%的农民认为，农村治理是“干部们的事，干部说了算”，“基本不听农民的，与农民利益关系不大”。[①] 这样说明了农民对协商治理的态度和判断，由于对参与治理的结果过于消极，就表现为农民对协商治理的态度发生变化，这一变化的背后是农村社区协商治理的定位出现了偏差。显然，村民对协商民主的认识是基于基层民主实践得出的结论，这一结论反过来强化了其对协商民主在基层治理中的定位，并形成下一轮其参加协商治理的基本前提，也就是对协商治理的定位出现偏差。因此，对各种宣传而言，真实具体的协商治理成效是协商治理价值最有力的证明，对各种教育而言，真实具体的民主参与体验是激发农民参与协商治理的关键。

村民对协商民治理定位偏差表现为其角色定位的偏差，先天的弱势心理强化了其被动参与的行为方式，这与居民参与社区程度低的原因大致相同，主要原因是社区居民的参与程度低，而居民对于居委会的不信

① 李诗悦：《农村社区治理创新的现实困境与对策研究——基于湖南23个实验区的调查》，《江西社会科学》2017年第10期，第239页。

任，又阻碍了基层民主的发展。[①] 也就是说，过多的行政干预会造成农民对协商治理的信任度下降，一旦这一判断在实践中得以强化，就会演化为农村社区协商治理自身定位出现整体治理价值认同的偏差，农民会对各种只有称谓和形式的参与治理创新逐步失去兴趣，进而影响到农村社区协商治理作用的发挥。

农民对协商治理定位的偏差不是村民自身造成的，其角色定位偏差、参与治理定位偏差都是与农村治理过程中的村党组织、村委会、村干部的定位和作为紧密相连的。那么，在农村社区协商治理中就要立足农村的治理实际，尤其是把协商民主的实践作为培育对协商治理定位的基础，在每一次协商治理的过程中尊重村民作为主体的权利实现，在涉及重大利益决策时进行充分、全方位的协商，要给予农民真实可信的协商治理的权利，尤其是要创造条件扩大农村社会组织参与协商治理的通道，支持和培育更多的农村社会组织参与到协商治理的实践中，通过社会组织的形式实现农村组织化参与协商治理过程，通过农村社会组织来更好地表达意愿和维护利益，大大增强协商民主的能力和效果，也只有通过扎实具体的协商治理细节，才能让协商治理发挥其应有的沟通协调、平衡利益和形成共识的功能。

（四）社区治理主体协同意识缺乏

协商治理是一个多方参与治理的过程，协作配合是其运行的前提和必要条件。也就是说，多元主体参与农村社区治理，合作、协同至关重要，否则就会各自为政，难以形成治理合力，甚至造成内耗形成负能量。在农村社区治理主体体系中，各个主体只有明确各自职责定位、优势和劣势，做到各尽其责、相互补位，才能实现合作共赢，实现善治。但从实践来看，农村社区治理主体间缺乏协同意识、协作机制不健全、参与主体之间地位的不平衡等已经成为制约农村协商治理的瓶颈。

---

① 闫立志：《基层协商民主：农村社区治理创新路径》，《人民论坛》2016 年 9 月中，第 67 页。

理念决定行为方式，现代社会分工越来越细，基层社区治理事务越来越杂，需要通过专业协作解决各种复杂矛盾和问题。然而，当前农村社区治理主体往往都从自己的角度出发，强调自身的重要性，缺乏平等、协商、合作的理念。那么就会表现为：协商治理中无法实现有效沟通和相互妥协，协商民主的过程中无法通过协商合作的环节减少分歧和达成共识。受市场经济的影响，社区居民自治组织、各类经济组织、民办非企业单位、社区居民等行为主体往往单一追求自身利益最大化，自行其是。这就造成各治理主体为了自身的生存发展，在牵涉自身权益时，很难做到协同。协商治理变成了各自的利益诉求表达，民主机制变成了辩论机制，都站在自己利益一方考虑问题而没有丝毫的协商空间。协商治理的意识不会自发产生，也很难单单通过教育灌输的方式形成，需要的是针对协商的意识进行综合的设计，给农村社区协商治理一个充分的发育过程。

协同意识缺乏也表现为主体间协同机制不完善。农村社区协商治理是新生事物，治理主体也正从单一主体向多元主体转变。在当前实践中，协商机制不健全或不完善，没有实现治理职能的无缝对接，极易造成社区治理工作的缺位和越位。① 具体来看：其一，协商议题征集机制不完善。协商治理需要有议题设置，如果议题没有充分酝酿，没有一定的群众基础，那么就难以在后续的环节有效进行协商。其二，平等协商的机制不完善。在协商治理过程中各个主体表达的机会不够平衡，村民不能有效充分地诉求表达，导致无效参与而放弃协商环节。其三，协商结果运用机制不完善。协商不是决策结果，但是决策必须尊重协商的过程和共识，不能成为两张皮，协商是协商，决策是决策，那么就会把协商民主架空而丧失协商的意义。其四，协商的民主机制不完善。主要表现为技术层面的民主参与机制缺乏，比如，村民参与协商治理的场地，协商治理中的会议流程控制，会议主持的艺术等，这些基本技术性能力

① 崔云朋、乔瑞金：《农村社区治理主体的实践困境与制度突破》，《社会治理》2017 年第 6 期，第 83 页。

的不足会造成无法协商，或者无法有效运用协商治理解决问题。

村干部在农村协商治理中处于主导地位，其对于协商治理的认识定位决定着协商治理的走向，也决定着村民对协商治理的定位和认知。在农村社区村居干部就是关键少数，对整个协商治理起着举足轻重的作用。因此，村居干部具有协商民主的意识至关重要，基层党组织是农村协商治理的引领者和组织者，如果村干部不具备相应的素质和能力，对协商民主治理认识不到位，认为农民参与讨论是不需要的，习惯于"替民做主"或者"发号施令"，导致双向协商变成单向管理，那么这种较为短视的行为方式，对参与的农民而言，对协商的真诚度会大打折扣。正是由于协商治理是在村委会与村民之间的良性互动实现的，那么任何一方都非常重要，在协商治理的初期阶段，村委会更要发挥引领推动的功能，为协商治理在农村生根发芽打下坚实基础。

二、农村社区协商治理的内容失衡

形式是为内容服务的，协商民主作为一种民主形式也是为农村社会治理的内容服务的。农村社会组织的参与是对传统农村社会治理的必要补充，有助于农村各利益主体基于理性协商议事而达成共识，在不同的权利和利益主体之间寻求平衡，让有价值的治理议题能够进入农村的协商治理系统中，消除协商内容失衡对协商民主功能发挥的影响。

（一）结构失衡

党的十八大以来，有不少农村地区纷纷建立了协商议事平台，营造出异彩纷呈的农村社区协商治理发展态势。但是，农村社区协商治理的大多数协商结果只是一种原则性的意见，没有太多的可操作性，协商结果不能得到有效落实。① 这种现象可以称为协商治理内容结构性不平

① 张立伟：《我国农村社区协商治理的现状、困境及发展对策——基于全国7个农村社区治理实验区的分析》，《行政论坛》2019年第3期，第48页。

衡，导致社会组织参与协商治理的真实效果不佳，协商治理的成果因为协商内容上的机构性缺陷而难以落地。

内容结构性失衡最大的表现就是有协商民主的形式，但是没有协商的内容，有协商达成决策意见，但是没有协商结果的执行。根据中共中央办公厅、国务院办公厅印发的《关于加强城乡社区协商的意见》，纳入农村社区协商治理的范围广泛、内涵丰富，包括涉及农民切身利益的公共事务和公益事业，村民反映强烈的实际困难和矛盾纠纷，党和政府的政策方针在农村社区推进落实情况，各类协商主体提出的协商需求以及法律法规和政策明确纳入协商的议题等，具有很强的公益性、公共性和政策性的特点。正是因为如此，进入协商治理程序的议题要符合上述要求，而不是临时起意，或者由任何一方提出的意见单方形成民主议题。比如，因为政策而影响到部分村民利益的议题能否进入协商民主的程序中，这些议题因为其不具有公共性，并且是政策明确规定的利益调整范围，根本不具备协商的必要，也不应该纳入协商民主的程序，更不应该浪费协商民主治理的有限资源，让不该进入协商流程中的事项成为公共性的治理议题。

农村社会组织治理结构失衡，蕴藏着权力异化和委托代理问题。如同公司治理一样，经营管理者有较多的机会去谋取不当甚至不法利益，损害组织成员利益。① 如果农村社区协商治理中存在大量的权力异化和委托代理控制的问题，那么协商治理就会增加制度运作成本和机会成本，并且会扭曲农村协商治理的制度运行，阻碍农村协商治理高质量发展。

实践中农村社区协商的内容面临结构性失衡，表现为议题大多是“自上而下”地形成，主要是为了完成乡镇党委、政府的行政性任务，是一种“自上而下”的权力逻辑和实施路径，缺乏协商应有的“互动性、回应性和过程性”，而真正涉及村民核心利益，反映农村社会矛盾和治

① 王义：《农村社会组织治理结构失衡与矫正研究》，《云南行政学院学报》2009 年第 3 期，第 21 页。

理风险的议题较少，由村民“自下而上”形成的协商议题不多。① 尤其是征询型、听证型和协调型的协商议题较多，而关涉农村社区协商治理的针对性、有效性和公正性的决策型、评议型的协商议题较少，造成该征询意见的反而没有征询意见，进入征询环节的都是些“鸡毛蒜皮”的小事情，这些事情也不需要反复协商，协商治理名不副实，协商治理的质量更无从谈起。

协商议题是关系到协商民主内容质量的关键，是协商治理的起点，这就需要我们高度关注协商治理中议题的产生。一般而言，议题可以协商产生，也可以由任何一方提出来大家协商，要确保既有民主也有效率，就需要发挥基层党组织的引领带动作用，也就是说基层党组织要充分听取民意，在此基础上提出有价值的协商议题，进而发挥党组织的领导核心功能，也为基层协商治理把握正确的方向。同时，也要加大农村社会组织参与议题确定的能力，基层党组织要支持社会组织提出专业发展方面议题，通过社会组织的专业化能力为农村参与社会协商治理赋能。

与此相关的是治理结构的失衡还表现为农民作为治理主体的虚化弱化。由于村民进城务工，乡村精英流失，传统“留守农民”难以成为新乡贤群体，61.6%的农民对自己参加治理的能力也缺乏自信。② 那么，更有必要通过社会组织来提升农民参与协商治理的效能，尤其是与农民利益密切相关的专业合作社，在基层协商治理中要注重农村社会组织参与的范围，在更大程度上实现组织化的农村协商治理，弥补农民作为个体参与治理的不足，同样也为基层协商治理的内容平衡奠定基础。

(二)权利失衡

权利失衡指的是农民参与协商治理的知情权、参与权、表达权、监

① 黄辉祥：《农村社会组织：生长逻辑、治理功能与发展路径》，《江汉论坛》2016年第11期，第47页。

② 李诗悦：《农村社区治理创新的现实困境与对策研究——基于湖南23个实验区的调查》，《江西社会科学》2017年第10期，第239页。

督权没有得到很好的落实。一些基层政府出于风险规避的考虑会担忧组织化的社会参与力量对地方治理造成巨大压力，因此在发展基层协商民主的时候更多是重视“社会表达机制的制度形式建设却疏于实质性的社会赋权”。[①] 利益表达不足主要表现在：在可能影响自身利益的公共决策中，各个群体的话语权严重失衡，强势群体通过各种渠道影响公共决策的能力非常大，而弱势群体缺乏体制内的利益表达渠道和利益协商能力。[②] 权利失衡的根源是村民的民主参与权利得不到充分尊重和实现，在信息不对称的情况下其参与、表达和监督权利都很难真正实现，就是在信息公开的情况下，农民由于个体分散和素质能力不高的制约，其参与表达的质量也不高，监督的效果更是微乎其微。

导致农村协商治理中权利失衡的原因是基层自治组织的行政化。作为上级行政机关的代表其权力不断强化，在农村协商治理的过程中，村级组织演变为管理者和领导者的角色，农村基层不同社会治理主体之间的权利平衡原则被打破。正是因为协商治理主体的权利失衡导致协商治理出现了不同程度的异化，参与协商过程者不能参与最终决策，社会组织在协商中也存在着不同程度的边缘化。权利失去保障引发协商参与机制的停滞或者偏转，农民在协商参与过程中难以实现协商治理的价值目标，村委会也没有实现通过协商的方式来解决问题，二者之间的权利结构一旦失衡，协商民主参与的机理就会发生变异，这也会导致后续的协商治理出现偏差和异化，协商治理的一套制度设计都难以发挥作用。

就农村社区的居民而言，一方面其作为协商治理主体弱势的一方，其权利得不到充分实现，很多情况下村民也缺乏权利意识，没有主动使用权利的意愿；另一方面，农民自身也存在着权利和责任的失衡，也就是说，在乡村社会转型及农民个体化浪潮的影响下，由于农民权利与责任意识的失衡，从集体中有限度脱嵌的个体无法实现再嵌入，导致了乡

① 黄晓春、嵇欣：《技术治理的极限及其超越》，《社会科学》2016 年第 1 期，第 72-79 页。

② 魏志奇：《国家治理现代化进程中的社会公平保障》，《晋阳学刊》2018 年第 6 期，第 93-94 页。

村社会“无公德个人”的产生。① 健全农民自身的权利观也是一个迫切的问题，权利与责任是一致的，协商民主参与也不例外，农民参与协商治理就要对协商治理达成的结果承担必要的责任，尤其是要尊重大家协商得出的决议，要有对协商规则的敬畏和遵守的相关约束。

社会组织参与农村协商治理体现的是农民参与基层民主自治的权利，社会组织是农民权利组织化充分实现的必要保证。但是，国家政权体系未能及时适应农村社区治理实验区建设要求，表现为乡镇政府与村治的权力脱节，村民的参与能力与其自治权利的脱节，这样造成农村协商治理中权利主体与利益实现经常不一致，权利与责任也存在着脱节现象。由于权利脱节和责任不对称问题，在不同的治理主体之间形成了参与协商治理的心理落差，也成为制约协商治理深化的重要障碍。

因此，在农村社会组织参与社会治理过程中权利与义务必须一致、平衡，否则会造成不必要的冲突和消耗。对参与农村协商治理的社会组织而言，其角色定位也决定着协商治理中的权利平衡问题，比如，当村委会和村民意志发生冲突时，农村社会组织的参与治理也存在着两难境地。要破解这一尴尬处境，就需要赋予农村社会组织参与协商治理必要的权利和地位，用制度化的方式规定其权利和义务，以及参与农村协商治理的程序载体，避免社会组织参与农村协商治理出现权利失衡。这也说明当前农村地区开展协商民主必须培育一批社会组织的紧迫性，通过社会组织的参与来平衡农民在参与过程中的弱势地位，有助于农民的知情权、参与权、表达权和监督权在一定程度上的实现，同样也对基层组织的行政化给予一定的纠正，不同主体之间的权利平衡结构建立起来，农村的协商民主治理才有底气。

（三）利益失衡

农村社区治理中客观存在着上级政府管理权力与社区自治权力之间

① 刘建：《主体性视角下后脱贫时代的贫困治理》，《华南农业大学学报（社会科学版）》第5期，第21页。

冲突，尤其是在长远发展与村民利益之间的协调平衡，利益失衡会导致农民非制度化解决自身利益问题，衍生出农村社会的失范问题。社会失范是一种基于利益诉求的反制度化的现象或行为，农村社会失范的产生是农民应对利益失衡的一种非理性的选择，实现对农村社会失范的有效治理，必须畅通农民利益的实现机制。① 基于这样的判断，农村协商治理必须重视利益的平衡保障问题，就是说在协商民主的过程中，要看到各种禀赋差异带来的实际利益不平衡问题，这是在协商民主开展之初就要坚持的基本导向问题，始终把利益平衡作为协商民主的目标加以维护。协商治理的起点是利益的实现，协商的内容也是利益最大程度的维护，利益失衡会导致协商治理变为没有内容的空壳，形式化的结果就是被边缘化。

从制度设计上看，防止出现利益失衡的情况出现，就必须培育和发展农民社会组织，增强农民参与协商博弈的力量和能力，为农民实现其利益提供组织化的制度保障。比如，一项调查指出，86.3%的县乡干部认为，在农村社区治理实验区建设中，县乡两级政府利益冲突加剧了不同层级治理主体的利益失衡。这是由于村级管理缺乏制度基础，没有一种制度化机制协调村内各种利益，使得村级内部利益协调成为社会治理的重要现实问题。② 这项调查也反映出农村内部利益不平衡的问题，包括村集体与村民、村民之间的利益不平衡问题，由于不同主体之间的利益分化趋势越来越明显，任何决议都会面临利益失衡。基于这样的考量，协商民主所提供的制度利益博弈设计就是为了解决这一问题，也就是说，要保障不同利益主体能够在制度框架下充分沟通协商，以及不同诉求的博弈，进而在决策之前寻求一种利益的平衡，这也为决策执行实施提供了充分的思想认识基础。

与传统型单一的社会结构不同，随着现代商品经济的发展以及市场

① 焦存朝：《农村社会失范及其治理途径：基于利益的视角》，《宁夏社会科学》2016 年第 5 期，第 109 页。

② 李诗悦：《农村社区治理创新的现实困境与对策研究——基于湖南 23 个实验区的调查》，《江西社会科学》2017 年第 10 期，第 239-240 页。

经济的出现，社会利益不断分化、社会结构日益复杂。[①] 计划经济体下的农村社会主体较为单一，利益关系也比较简单，利益冲突尚未凸显，但是农村的社会结构也发生了新的变化，利益关系也更为复杂，农村精英主体外流的现实也加剧了农村协商民主的质量和效能。但是，利益维护始终是基层协商治理的关键，利益问题都会成为大家关注的焦点，利益平衡机制是否有效是考验协商民主的关键。不同利益主体在协商的过程中都会为自身利益最大化努力，作为基层协商治理的利益平衡制度设计，就要适应不同利益主体参与的现实需求，要为不同利益主体博弈提供制度空间。

农村社区治理机制的封闭化导致社区内部“所呈现的则是一个非公平、公正的正义分配体系，共同生活于同一社区中的不同居民被区别对待，群体之间具有心理隔阂，社会融合难以实现，成为诱发各类矛盾的导火索”。[②] 利益平衡是和人的变化紧密相关的，要围绕人的变化来设计协商制度，既要立足村民维护自身利益的诉求，也要激发引导村民参与协商治理的积极性，甚至愿意为达成协商治理决议而放弃部分利益。随着农村人口结构和生活方式的改变，农村协商治理的治理方式和治理制度也要发生相应的改变，来适应农村村民结构的变化，增加农村地区协商治理的制度供给，包括村规民约、协商议事规则，为村民制度化解决问题提供通道，为协商化解矛盾提供制度依据。一定要防止出现民主管理、民主监督、民主决策无法落实，存在着非正式制度不能有效解决社区问题、正式制度建设滞后的尴尬局面。[③]

① 赵秀玲：《走向基层治理现代化——以成都为个案分析》，南方出版传媒、广东人民出版社 2014 年版，第 258 页。

② 王义保、李宁：《社会资本视角下新型农村社区治理秩序困境与能力创新》，《思想战线》2016 年第 1 期，第 143 页。

③ 乔成邦：《新型城镇化背景下农村社区治理：功能、困境与转型》，《中共成都市委党校学报》2017 年第 4 期，第 78 页。

（四）职能失衡

协商民主贯穿于人民民主实践全过程，或者说，人民民主就是全过程的民主协商。[①] 协商治理是一个议题产生、利益表达、沟通协商、达成一致的全过程，这样的民主参与能够有序实现，必须依靠党组织的引领示范作用，树立群众工作的理念，用群众工作的方法来推进农村协商治理进程。只有充分发挥党组织的政治领导核心功能，才能够有效整合不同利益诉求和最大限度地实现不同主体之间的利益平衡，因此，基层党组织功能发挥是农村协商民主有序推进的政治保障。

协商民主是由不同治理主体发挥其应有职能，进而实现农村社会事务的协商解决，在这一过程中不同主体由于其地位不同，职能也不同。比如，村委会、村干部就发挥着协商民主的主导和指导功能，是协商民主程序的启动者和组织者，而农民和社会组织则是参与者，共同构成协商治理的架构体系。但是在农村社区治理实验区建设主体体系建构过程中，农民、专业合作组织、乡绅贤士等体制外治理主体尚未真正发育健全，难以承担政府组织分流出来的社会管理职能，政府部门原有的农村社会管理职能“放不出”“管不住”“服（务）不好”。[②] 为了避免出现这种情况，在协商治理的进程中就要充分考虑农村社会组织发育迟缓的现实，基层党组织要在“放”和“收”之间寻求平衡，农民可以行使的权利交给农民，农村社会组织有能力承担的参与职能就发给社会组织，而那些不具备条件交给社会组织的职能则必须保证有效实施，防止出现一刀切的做法，不考虑社会组织承接的能力和条件，简单地一放了之，这就会导致没人管、没有人承担相关职能的局面。

在农村事务管理中，基层政府部门往往会独揽权力，导致社区治理

① 刘乐明：《理解全过程民主的三个维度》，《中国社会科学报》2020 年 6 月 13 日，第 6 版。

② 李诗悦：《农村社区治理创新的现实困境与对策研究——基于湖南 23 个实验区的调查》，《江西社会科学》2017 年第 10 期，第 240-241 页。

主体力量的非均衡性日益凸显，多元化的治理模式被一方主导。[①] 这是讨论协商民主治理的基本前提，由于参与主体事实上的不平衡，在职能承担上应该也不同，就是说政府占有更多的资源和主导地位，那么在协商治理的过程中理应承担更多的提供公共产品的职能。这一职能在协商治理的过程中，表现为村委会一方要提供协商的规则、协商的动员、协商的决议、协商结果执行和反馈等，村民和社会组织则要遵守协商治理的规则，对自己的参与行为负责，只有如此，农村协商治理的职能才算是权责一致，不同治理主体之间的地位与职能才能平衡匹配。

不能机械理解、强调协商治理的职能平衡，而是基于职责确定职能，并且职能平衡是一个动态过程，在不同对象和不同阶段都会有所差别，这也是职能平衡的难点所在。由于在我国现行社会问题的解决中，公众对政府具有很强的心理、制度依赖，很多社会性问题需要依靠政府予以解决。[②] 既然农民和社会组织要依赖政府来解决问题，那么就应该在协商治理制度设计中明确双方的职责要求，把双方参与的方式与内容加以规定，对协商治理中容易出现的职责不清问题尽可能规避。协商治理主体之间的平衡由多重因素决定，就不同参与主体的职能定位而言，关键还是要遵循“党委领导、政府负责、社会协同、公众参与、法治保障的社会治理体制”这一原则，在农村社会协商治理进程中，把治理重心向基层下沉，相关的职能也向下下沉，最终在协商治理的进程中实现政府治理、社会参与、村民自治良性互动格局。

三、农村社区协商治理的机制不完善

社会组织有效参与到基层协商民主进程中的前提是协商机制的有效运行。基层协商民主作为一种增量民主嵌入村民自治制度后，形成了村

---

① 乔成邦：《新型城镇化背景下农村社区治理：功能、困境与转型》，《中共成都市委党校学报》2017 年第 4 期，第 78 页。

② 张澧生：《基于政策利益主体损耗的性别失衡问题探讨》，《中国行政管理》2015 年第 10 期，第 97 页。

民自治与政府治理有效对接和良性互动的治理体制和运行机制，改善了农村基层的自治和治理绩效。① 有效对接和良性互动指的是协商治理机制运行的两个关键环节，只有社会组织参与到农村协商治理的主体中，并能与其他主体之间实现沟通协商，进而解决农村社会治理中的难题，这样一个正向的运行机制才能保证社会组织真正有序参与到基层协商治理全过程。正如亨廷顿所指出，制度化是组织和程序获得价值观与稳定性的一种进程，政治现代化取得成功的关键正是在于政治的制度化。②当前，我国农村社会组织参与农村社区治理还面临体制机制的瓶颈：

（一）组织领导体制不顺

协商民主运行中的领导机制体制指的是协商民主的推动者和组织者有效发挥其组织推动功能。社会的发展发育与国家制度供给存在互动和互构的逻辑关系，而中国特色的社会主义政治实践强调“国家-政党-社会-社区”的理论分析范式，突出执政党在推动国家与社会互动中的主导性功能，这是破解我国农村社会组织参与农村社区协商治理面临的体制、机制、条块、信息等困境的核心维度。这一范式在农村基层协商治理的实践中不同程度出现了偏差，比如，有的过于强调协商，基层党组织的领导作用没有发挥，协商民主缺乏引导，无序参与导致协商低效问题，这种情况下协商治理机制完全扭曲，更谈不上协商治理成效；有的过于强调党组织的领导，忽视了社会组织的主体地位，农民参与的积极性不够，被动的参与协商导致协商只有形式没有内容，农民参与的积极性受挫，影响到下一个协商治理进程。在农村协商治理过程中，“国家-政党-社会-社区”的参与结构是一个多方参与的平衡机制，基于中国基层治理的格局，不同主体在其中都有自己独特的定位，如有偏差，或者过犹不及，这一机制就难以有效发挥功能，这也是农村基层协商治理的

① 李发戈：《发挥群众主体作用，促进基层协商民主制度化发展——邛崃市“开放式议事会”的实践和成效》2018 年第 5 期，第 62 页。

② 魏志荣、李先涛：《协商民主视角下社会组织政治参与问题研究》，《山东行政学院学报》2016 年第 6 期，第 36 页。

难题之一。

一方面，由于协商主体差异导致协商机制失衡。农村协商治理主体本身就有不同的定位和差异，基层党组织是领导核心，村委会作为农村的自治组织处于显著优势。中国共产党是中国特色社会主义事业的领导核心，是推进基层协商治理的组织者和主导者，决定着协商治理的方向和性质。而农民作为分散的个体显然处于劣势，农村有限的社会组织参与能力堪忧。当前，与农村社会组织有领导、业务关系的部门有民政部门、社会建设办公室、社团管理局、业务主管部门等，但缺乏明确的部门统筹领导农村社会组织参与农村社区协商治理，导致“权力的碎片化、信息的孤岛化、机构的重叠化”，典型表现就是基层政府缺少购买农村社会组织服务的统一平台和机制，导致农村社会组织服务供给与乡镇、农村社区、农民的需求之间信息不对称。① 显然，农村社会组织参与到农村社会协商治理的进程中，必然需要一个利益相连接的机制，农村购买社会组织服务的比例非常之低，有能力的社会组织也不愿意到农村来发展，因为这里的需求和效益都严重不足，农民纯自发的经济组织不足以承担协商治理的功能，这也导致农村协商治理主体之间不平衡，协商难以有效进行。

另一方面，农村社会组织自身发育不足带来协商机制失衡。就农村的现实情况来看，农村社会不同程度存在的空心化趋势，造成有能力参与农村协商治理的主体越来越少，由于农村社区协商治理的社会组织发育迟缓，已有的农村社会组织也不足以承担参与协商治理的重任。农村社会组织还处在发展的初始阶段，参与协商治理是农村社会组织发展的重要契机，但是农村社会组织还没有充足的准备和能力参与到这一进程中，当然，也不能苛求当前阶段的农村社会组织发挥更强的功能。政府是发展基层协商民主的现实主导力量，而行政逻辑的惯性又往往会演化

① 吴新叶：《农村社会管理何去何从：整体性治理视角的尝试性解读》，《理论探讨》2013年第2期，第96页。

为抑制基层协商民主生长的因素。[①] 因此，在当前农村协商治理的阶段，考虑到农村社会组织发育迟缓的现状，需要减少行政主导导致的参与不足，要加大支持和培育社会组织的力度，构建一个相对的协商治理平衡机制。

（二）支撑保障机制缺失

协商治理作为基层治理的新模式，基层社会对其运行保障机制认识还不够深入，也有不少人在认识上存在误区，把协商治理作为一个商量的态度，在决策前征求一下意见就行了。实际上，协商治理运行要满足各种条件，在协商治理机制上，协商民主通过吸纳协商因子，更有效地拓展治理渠道。[②] 在农村的协商治理实践中往往受到现实条件制约而难以发挥协商治理效能，这种支撑机制包括人才素质、物质经费，以及内生动力机制等。

一是专业人才匮乏。协商治理是一项要求较高的基层治理模式，需要专业的人员进行指导，尤其是专业化的社会组织进行组织引导，参与协商治理不仅需要对法律政策有所了解，还需要具备一定的参与协商的能力素质。现实是农村社会组织负责人大多缺乏管理、运营和服务的专业知识，多是兼职人员，专职比例很低，并且受到待遇、机会和环境影响，人员的流动性很大。在这种情况下，农民参与有效协商治理的能力非常薄弱，一些专业社会组织也不具备专业的参与协商治理的能力，比如，农村的各种合作社作为一种经济组织存在，其对农民的组织力非常有限，并且也不会将参与农村社会的协商治理作为自己的职责。就村干部而言，协商治理的素质和能力也不尽如人意，对农村社会组织参与到农村事务协商过程中也准备不足，协商变成了议程中的一个环节，流程走过了就等于协商了，导致协商变了味。协商治理离不开专业人才队

---

① 李德虎：《基层协商民主的制度性追求与制度化路径》，《求索》2019 年第 4 期，第 81 页。

② 管志利：《城乡社区治理中协商民主的现实样态与机制建构》，《领导科学》2020 年第 2 期，第 100 页。

伍，需要对农村干部队伍和社会组织进行专业的培训，对农民也要进行必要的宣传和引导，解决农村协商人才匮乏的困境。

二是活动经费不足。草根性农村社会组织大多面临经费压力，更关心自身的生存和发展，主要目标是承接政府服务项目，获得财政资金。真正能扎根农村社区，主动回应村民需求的农村社会组织不多，由于缺乏参与农村社区治理的内生性动力和外部性环境，导致农村社会组织与乡镇政府、村两委、村民等主体的合作互动不够。乡镇政府在转变职能、优化服务、加强监管等方面还不完善，还没有形成激发农村社会组织参与农村社区治理的制度化的培育、激励、规范、监督机制。社会组织参与农村协商治理必须有经费保障，不同的社会组织经费来源不同，从政府手中购买服务是主要的方式，农村社会组织其他渠道经费来源严重不足。调研发现，除具有官方背景的农村社会组织的经费来自乡镇财政托底，大量草根性的农村社会组织资金来源比较单一，主要通过承接政府购买服务来获得活动经费，经济上的依赖强化了政府对农村社会组织的控制，制约了农村社会组织的协商、服务能力，影响农村社会组织参与农村社区协商治理的公正性、公益性和客观性。活动经费保障需要按照权责一致的原则来解决，要建立一个利益与责任相关的机制，逐步建立多元的经费保障机制，让协商治理在经费上既是保障，也成为有效参与协商的前提条件。

三是内生动力不足。农村协商治理是长远之计，协商治理离不开党和政府推动，但是更为需要的是赋予其内生动力，也就是各个主体参与协商的内在动力。具体而言，协商民主内生动力机制的运行机理是指为实现乡村治理，在内生动力机制系统结构中各要素的内在运作方式以及诸要素在一定环境条件下相互协调、相互作用的运行规则和原理。① 目前而言，协商治理的动力不足主要是农民和农村社会组织参与协商的动力不足，农民普遍存在“参与协商治理能够解决什么问题”的疑惑，对

① 刘启营、王效仿：《乡村治理中协商民主内生动力机制及路径探析》，《青岛农业大学学报(社会科学版)》2018 年第 4 期，第 2 页。

协商治理的信任度不够高，这样的形式化的协商与利益不直接联系，必然导致参与动力不足。农村的社会组织本来参与协商治理的能力不足，主要作为经济组织存在的社会组织对参与协商治理的兴趣也不大，因为很难从这种参与中获得经济利益，就是被政府购买服务的社会组织参与协商治理，也很难得到农民的信任和配合，很多协商议程都难以落实到位，作为购买方的基层组织也会认为社会组织没有体现政府的治理意图，对社会组织参与协商治理的效果不满意，没有达到治理的预期。协商治理是基于各方信任基础上的，没有必要的信任就不会有真正的协商，这才是真正的协商治理的内在动力源。如果形成这样的治理循环，各方的信任度都在下降，那么专业的社会组织参与农村协商治理的积极性很难持续。

（三）监督评估机制不畅

虽然发展基层协商民主已经成为一种明确的政策导向，但在实际运行中并没有形成明确且较强的执行激励机制。协商治理谁来监督、谁来评估，这些问题从制度设计上还不完善，无法衡量评价协商治理的价值大小，也成为制约协商治理机制运行的障碍。社会工作服务评估不仅可以保证服务质量，有助于提升服务水平，同时也是政府购买服务制度中的重要组成部分。民政部于 2015 年发布的《民政部关于探索建立社会组织第三方评估机制的指导意见》中明确指出应政社分离、管评分离，由独立的第三方社会机构进行专业评价。比如，四川省第三方评估机制尚在健全过程中，行业规范化刚刚起步，原先的行业乱象还在大力整改，目前有资质从事社会工作服务评估的专业机构数量十分有限，无法满足日益增长的评估需求，从长远来看不利于乡村社会工作的未来发展。①

就基层协商民主监督问责系统而言，存在结构性缺失与失职。由于农村社区协商治理的主体地位不同，双方所具有的资源也不相同，乡镇

① 吴禹霖：《四川蓝皮书：四川社会发展报告（2019）》，社会科学文献出版社 2019 年版，第 73-74 页。

部门掌握更多的政策信息，村居作为自治组织也具有更强的主导性，村居干部在一定程度上主导着协商民主的进程。在这种情况下，仅靠自我监督远远不够，居民的监督效果堪忧，因此必须改善监督问责体系，建立第三方的监督评价体系，并且要把自上而下的监督与向村民负责结合起来，构建更加完善的监督问责体系。

就协商治理的考核指标而言，协商民主并不是相对独立的任务体系，而是被纳入基层治理、社会建设等范畴，在考核上通常也被纳入社区工作中综合考评，不易被量化考核，在绩效考核中属于"软指标"。①作为基层治理的一部分，协商治理很容易淹没在其他指标体系之中，很难有一个直接量化的感知评价，那么协商治理的成效和优劣更难以捉摸。由于协商治理是一个过程，其软指标的考核设计就造成了用简单的指标评价一个复杂的治理绩效，或者是碎片化的评价指标体系导致以偏概全，不能囊括整个协商治理的过程和全貌，甚至会误导对协商治理绩效的评估。

就评估主体而言，有效的评估必须是客观公正的第三方评估，自己评估自己，公正性自然不够。由于政府对农村社会组织发展的财政、资源、信息的垄断，在缺乏有效的竞争机制下，农村社会组织容易采用不当策略，以此获得生存、成长的条件和环境，导致农村社会组织参与农村社区协商治理的活力、动力和能力不足。对协商治理而言，官方的垄断会带来供给导向的"行政思维、长官意识和部门利益"，如果缺乏以服务对象(村民)为主体的监督机制以及专业、独立的第三方评估机制，农村社会组织发展将陷入"霍布斯的丛林"，农村社会组织参与农村社区协商治理就丧失了应有的公正性、合法性和激励性。协商治理评估的第三方社会组织也是专业化治理的条件之一，这也是社会治理评估的方向，农村社会组织也应该有参与协商治理评价的意识和能力，为协商治理的持续发展提供专业科学的评估和建议。

---

① 李德虎：《基层协商民主的制度性追求与制度化路径》，《求索》2019 年第 4 期，第 81 页。

就监督机制而言，由于相对缺乏监督的载体，如果村民对协商进程中的村集体资金等信息不知情，重大项目中的资金使用信息公开不到位，那么村民参与协商治理就会比较盲目。协商治理中必需的监督机制，包括协商治理事项相关信息的公开透明，村民在监督中的作用发挥，充分调动村民的积极性，发挥村民对村干部的监督权利，减少特权形成的可能。① 监督的内容也包括对协商治理规则的执行，村民参与治理的权利的实现程度。监督机制涵盖内容和程序的监督，有效的监督有助于协商治理流程环节的规范完善，可以保证村民和社会组织充分知情和参与。

就反馈机制而言，农村社区协商治理缺乏反馈闭环，协商治理最终成果如何是要在决策中体现的。如果协商治理中居民的权利不够完整，只有半拉子的参与权利，对决策没有实质性权利，那么协商民主就成了空壳，就会对协商效果产生直接影响。协商治理的反馈不仅仅是向村民通报决策中协商结果的运用，反馈的真实价值在于就决策结果与村民进行协商沟通，尽可能地扩大对决策的共识、认同，为后续的决策执行提供必要的条件。协商治理是一个全要素的过程，反馈不仅仅是技术上的环节，同时也是优化协商治理的必要环节，通过对村民的通报解释，培育农民参与协商治理的积极性和对协商治理的认同度。通过反馈机制也可以有效地为持不同意见的人提供沟通协商的机会，少数人的权利和感受也能得到充分尊重和体现，这也正是协商治理的价值体现。

（四）制度化参与机制不全

制度化参与是促进农村社会组织利益机制发挥和治理功能实现的基础和保障，但受乡村治理的体制机制、体现结构、社会环境等影响，农村社会组织参与农村社区治理的深度、动力和渠道有待于强化和完善。

① 方齐云、鄢军：《中国农村村民对村干部监督机制的经济分析——一个零和博弈模型》，载《当代中国经济问题探索（上册）》，四川大学出版社 2004 年版，第 24-33 页。

当前农民在政治参与方面存在地区发展的差异较大、制度化参与和非制度化参与并存、主动性与被动性并存、农民政治参与网络化趋势加强等问题。①

伴随着改革开放深入和经济快速发展，我国农民政治参与的需求和行动呈现出迅猛增长之势，这对于推动我国政治文明建设产生了深远影响。这一趋势在社区快速发展进程中还会进一步强化，社区协商治理制度化参与显得尤为迫切。但是，由于农民制度化政治参与的渠道不畅，农民非制度化政治参与在农村也呈扩大之势。② 就目前的发展形势看，农村社区存在着非制度化参与的趋势，其主要表现就是制度化参与的方式渠道不通畅，或者居民认为现有的制度化参与方式并不能达到参与的效果，非制度化的参与方式成为不少人的选择，比如非制度化表达、网络分散参与表达诉求、自我抱团需求问题解决、习惯于向上级或者媒体反映问题诉求等，这些都为社区协商治理带来不确定性，也为社区协商制度化建设带来挑战。

在农村社区协商治理的进程中，农民政治参与呈现出制度化与非制度化并存的局面，制度化参与在现实生活中效能较低，农民通过制度化途径参与政治，其民主选举、管理、决策以及监督方面的政治事务都缺少话语权和参与度。③ 一定的非制度化参与是对制度化参与的补充，但是一旦农民非制度化参与成为主流，就会冲击农村基层政权的合法性基础，损坏农村社会基本的治理秩序，严重时甚至会破坏党在基层的执政基础。因此，在农村协商治理推进的过程中，一定要对农民非制度化参与给予高度重视，并在协商治理过程中时刻予以关注，对出现的问题要及时制止，尤其是对那些违反法律规定的非制度化参与给予严厉处置，

---

① 熊凤水、苏霞：《农民政治参与的困境与对策》，《石家庄学院学报》2019年第4期，第36页。

② 刘勇：《社会转型时期农民非制度化政治参与和乡村治理困境》，《福建论坛·人文社会科学版》2010年第5期，第142页。

③ 熊凤水、苏霞：《农民政治参与的困境与对策》，《石家庄学院学报》2019年第4期，第37页。

对一般的参与群众要做耐心细致的思想工作，通过协商治理要团结大多数人，增进基层协商治理的共识。

基层协商民主涉及多元主体的利益关系、权责关系，需要多主体的配合、协调，构建一个农村制度化参与协商治理的有效机制。这个机制的构建要立足于农民自身的参与意识和能力，以及农民自身的参与习惯，只有立足于农民协商素质能力的实际，用换位思考的方式才能让农民更乐于采用制度化的方式参与协商治理。当然，最好的方式是用制度化参与引领非制度化参与，让二者共同发挥协商治理的表达、协商、沟通、决策的功能。但实践运行当中会遭遇多元主体权责边界不清、治理合力不足的问题，基层治理涉及多个部门，由于不同部门的协调与制度整合机制不完善，协商治理极易“碎片化”，难以形成协商共治合力。

四、农村社区协商治理的体系不健全

协商治理作为一种新型民主机制，应体现规范化、法治化和制度化的特点，关于协商主体、协商内容、协商方式、协商程序、协商成果等都有明确、具体的规定，这样才能真正发挥农村社区协商治理的制度功能。以新加坡为例，为推动社区协商治理，构建了“四个类别、六个枢纽型”的社区协商治理组织体系，政府层面有人民协会、社区发展理事会、市镇理事会等，基层层面有公民咨询委员会、民众俱乐部和居民委员会等，特别重视发挥以执政党为主的民意诉求收集组织体系(国会议员、基层支部、社区基金会、居委会民意组)等，建立健全规范社区协商治理的法律、法规和政策体系。但是，我国部分农村社区协商治理的程序化、制度化、法治化、规范化程度不高，随意性较大，农村社区协商治理的平台和方式不健全，关于“协商什么、谁来协商和怎么协商”，缺乏制度化保障和清单化管理；协商还没有贯穿社区治理的决策、执行、监督全过程，协商结果的公开、监督、应用及反馈机制还不健全，制约了协商治理质量和效率。

根据“结构-功能”主义理论，结构决定功能，功能反作用于结构，农村社区协商治理体系和协商治理结构的质量决定治理能力现代化的水平。当前，我国农村社会组织的体系、结构和功能不能满足农村社区协商治理的迫切需求。

(一)农村社会组织的发育不充分

由于缺乏有效的引导及良好的生存环境，农村社会组织存在着小、散、软的现象。① 农村社会组织发育迟缓直接影响着农村协商治理的质量，而导致农村社会组织发育迟缓的原因有很多，其中之一便是村干部的认识不到位，不少乡镇干部、村两委干部仅仅把农村社会组织看作推动农村行政工作的工具和手段，过分强调农村社会组织的“工具价值”，陷入“技术性治理逻辑”的窠臼，忽视农村社会组织参与协商的“理性价值”功能，甚至还存在个别干部认为农村社会组织参与协商是造成农村社会矛盾的主要推手，不利于农村基层党组织的领导，有畏惧、害怕、担忧农村社会组织发展的错误认识。② 这种理念和认识上的误区直接影响了农村社会组织发展的制度环境和生存空间，导致农村社会组织发育很不充分，存在总量不足、结构不优、功能不强等缺陷。所以说，农村社会组织的发育程度决定着农村协商治理的质量，首先需要破除的就是思想观念上对社会组织的偏见，基层组织要大力支持培育社会组织发展壮大，并使其成为参与从村社会治理的主力军。

一般来讲，具有化解社会矛盾功能的社会组织是协商治理最为需要的，但是这与农村现有的社会组织结构不平衡。具体来说，农村社会组织主要包括社区服务类、公益慈善类、文体活动类、专业调处类四类，它们是一个体系健全、结构完整、机制协调的组织体系，协同服务于农村社区治理。但对农村社会组织参与农村协商社区治理的领域和类型分布结构进行分析，社区服务类、公益慈善类、文体活动类的农村社会组

① 王丽慧、赵强：《保权益应发挥农村社会组织作用》，《中国土地》2014 年第 5 期，第 56 页。

② 陈朋、王宏伟：《农村社会组织与农村公共危机管理》，《重庆社会科学》2013 年第 4 期，第 65-67 页。

织相对较多(文体活动类组织数量占明显优势)，而专业调处类的社会组织最少，导致农村社会组织更多地参与农村社区公共服务的供给，丰富村民的精神文化生活，而事关乡村振兴战略实施和乡村协商治理有效的参与型社会组织、调解型社会组织、维权型社会组织却严重不足，制约了农村社会组织参与农村社区协商治理的能力。由于存在这样机构上的矛盾，就是有了社会组织也不一定就能成为推动农村协商治理的力量，社会组织要参与到协商治理中需要进行引导和培育，让各类的社会组织都具有参与协商治理的能力，最大限度地激活农村地区现有的社会组织资源，扩大农村地区协商治理的参与范围。

农村社会组织协商作用发挥受自身制约，其功能定位也决定着参与协商治理的程度。社会组织是民间组织，是现代社会发展的重要标志，是社会治理的重要依托。虽然近年来，在我国农村社区涌现了一批农业专业合作社、民办学校、敬老院、医院等社会组织，但与农村社区经济发展的要求相比，在种类、数量、质量上，都存在一定差距。当前农村社区治理过程中，社会组织不但自身发展迟缓、数量少、活动能力弱，而且已有的社会组织作用的发挥在应然和实然方面存在着较大的差距。① 造成农村社会组织发展较弱的原因是多方面的，客观上农村协商治理还处在发育初期阶段，协商治理的平台项目还不够规范，主观上人们对协商治理的认识不到位，参与协商治理的能力不足。因此，对社会组织而言，强化自身的参与治理的职能尤为迫切，有了参与治理的职能定位，然后才会学习积累参与协商治理的经验。就现实来看，非专业调处类的社会组织还不习惯于参与社会协商治理，也没有主动收集和代表本社会组织联系的群众的意识。可见，农村地区的社会组织的组织力非常弱，组织参与的积极性也不高，社会组织的参与协商治理的能力有待进一步提升。

① 乔成邦：《新型城镇化背景下农村社区治理：功能、困境与转型》，《中共成都市委党校学报》2017 年第 4 期，第 78 页。

(二)农村社会组织的结构不合理

党的十八届三中全会提出创新社会治理体制，有力推动了社会治理主体由一元向多元转变，由单向双向转变。但从我国当前农村社区治理主体发展现状来看，存在着治理主体体系不完善，多元主体缺失的问题。笔者基于对上海某区农村社会组织的调查数据分析，发现70%以上登记的社会组织都具有官方背景，而真正源于农村社区需求成立的、纯草根的农村社会组织比例非常低，这种结构不利于农村社会组织内生性成长和内涵性发展，不利于农村社区的公共性培育和共同体建构。农村社会组织不仅承担着促进农村社区协商治理的"工具理性"功能，还肩负着培育农村社会资本，增加农村社会的信任、合作、参与、互动和协商等。调研还发现，农村社会组织还存在区域上、行业上的分布不均衡、覆盖面比较狭窄、功能的同质化等问题。

一是党在农村社区的基层组织力量薄弱。党的领导是中国特色社会主义的本质属性，然而改革开放以来，随着农村劳动力的大规模转移，特别是青年大量外出务工，党组织吸收优秀青年入党客观上受到一定影响。农村地区党员年龄整体偏大，文化程度较低，党员先进性发挥受到限制。农村地区的党组织建设也较为薄弱，尤其是引领发展的能力欠缺，有一些党组织功能弱化，在党员群众中边缘化，不能发挥战斗堡垒的作用。

二是农村社区自治组织管理功能弱化。自农村实行家庭联产承包责任制以来，许多地方集体经济发展受到影响，特别是农村土地承包三十年不变政策、农村综合改革农业税的取消，农村社区自治的职能发生了重要变化，其管理功能在不断弱化，再加上人才缺失，不少农村社区自治组织不作为或少作为，难以实现有效的自我服务和管理功能。由于社区人口的流动化、人口的老龄化，不同群体的利益诉求出现多样性与冲突。各主体都有明确的利益诉求，且利益呈现多元化趋势。村委会、居委会行政化明显，自治能力不足。村委会仍然带有较浓的行政色彩，经常处于一种超负荷运转的状态，社区管理行政化倾向严重。① 居委会在协助政府完成社区管理事务的同时，其组织与人员进一步被行政化，赋予的行政性事务越来越多，居民自治功能被严重削弱。我国《村民委员会组织法》规定，村民委员会是居民实行自治的群众性组织，应该在社区内行使自己的责权，充当政府职能部门的监督者和居民事务的协调者。但实际情况是，村委会已成为乡镇及其工作的承受者和操作层，严重影响了社区的居民自治。

三是农村社区居民参与公共事务意愿不强。改革开放以来，人们的价值观发生重大变化，个人权利意识崛起，行为从“义务本位”向“权利本位”转变。人们往往只注重自身的利益和权益是否受到侵犯，而对于集体和公共利益则比较淡漠，参与积极性不高。② 基层社会治理日益复杂，解决问题和服务群众的制度和资源瓶颈日益凸显，笔者曾参加过居委会的议事会，就大家关注的绿化被毁、停车难问题等进行协商。会议是在社区党支部和居委会主持下进行，业委会、社区志愿者、居民代表等参会，由于参与面有限和资源的缺乏，可以看到现实中社区治理面临种种无解困境，制度设计纷纷落空，这些现象背后的隐忧是基层治理的刚性越来越强，协商的氛围越来越弱，缺乏有事大家一起商量、一起想办法解决的氛围，而是各自表达，自我维权，缺乏公共精神。

（三）网络协商云平台存在困境

网络时代需要基层社会治理从政府主导到网民参与并举的转变。如果基层党组织不能吸纳网民参与社会治理，那么他们就会成为不相容的力量，反而会带来对抗、不信任和被动。同样，在农村协商治理中网络协商也是必不可少的途径，但是相对于城市而言，农村地区的网络硬件和网络协商还面临诸多困境。

首先，数字鸿沟制约网络协商的发展。网络政治参与具有快捷性、

① 李鸿渊：《共治与自治互动是破解社区治理难题的关键——基于上海市松云水苑社区自治的研究》，《上海党史与党建》2016 年第 3 期，第 51 页。

② 崔云朋、乔瑞金：《农村社区治理主体的实践困境与制度突破》，《社会治理》2017 年第 6 期，第 82-83 页。

传播速度快、平等性和公开性等特点。① 虽然说中国网民人数众多，智能终端普及率非常高，但是要考虑到农村社区居民之间的差异，尤其是农村社区老人使用网络设备和移动终端的比例还比较低，运用智能设备的技能也比较差，比如在新冠疫情社区防控中，信息化手段的应用日益普及，但是用手机 APP 预约购买口罩对很多老人来说就非常困难，各种网上的信息公告也难以及时看到，这就需要农村社区协商治理充分考虑老人的情况，尽可能地对老人进行相应的技能培育，甚至是手把手地教老人使用一些技能，最好的办法是发动老人子女参与到这一过程中，增进对老人的关爱，提高老人参与的热情。

其次，网络协商存在制度供给困境。在多元化的社会治理体系中，基层是社会的单元细胞，社区信息化建设是社区居民有效参与的前提。政府网站、社区博客、微博、网民沟通会等新媒体在畅通民意表达渠道上也发挥了一定的作用，及时化解了社会矛盾，促进了社区的和谐稳定。② 但是，也要看到政府信息之间也存在着不同程度的壁垒，如果信息不能共享，信息更新不及时，会影响到居民获取信息的体验，那么网络协商完全成了治理的负担，并有可能成为社区协商治理的负向力、负能量。社区网站信息更新迟缓，甚至成为僵尸网站，降低了社区居民通过网络渠道参与的积极性。同样，协商平台或者 APP 也面临着无人使用的尴尬局面。

最后，网络协商功能上存在漏洞。网络是一把双刃剑，一方面可以为社区居民提供便利的参与渠道，另一方面，由于网络的匿名性，网络表达更容易失序。最为典型的表现是网络会放大参与主体的意见和情绪，甚至会造成不信任、不理解，还有一定程度上的网络暴力，这样反而成了协商治理的对立面。网络协商功能的实现必须有基层党组织的主导、引导，要对网络协商进行组织和规范，让网络上的意见领袖参与到

---

① 熊凤水：《农民政治参与的困境与对策》，《石家庄学院学报》2019 年第 3 期，第 42 页。

② 松江区党建研究组：《“网民沟通会”：群众工作线上线下联动新平台》，《党政论坛》2015 年第 10 期，第 42 页。

协商治理中，并且成为居民参与协商治理的主力军，这不但可以凝聚共识，也可以为其他居民参与协商治理提供示范。要防止被少数人通过网络的方式绑架民意，甚至通过网络造谣中伤损害其他人的合法权益。网络空间不是法外之地，少数人的意见不等于全体居民的意愿。因此，网络的协商功能不是自动实现的，而要有一个复杂的培育引导机制，尽可能地消解网络参与的负面效应，补上网络协商政治参与的短板。

（四）基层民主协商制度规范缺失

当前，我国农村社区建设正处于攻坚克难的关键时期，制度建设的优劣与否对社区的整体发展具有根本性、全局性和长期性的影响，建立和完善基层民主协商制度可以为居民参与提供良好的制度保障，但是目前涉及社区居民参与协商的法律法规为指导性、宏观性、原则性的规定，关于协商制度的规定更是少之又少，这使得制度的实际效果和社区协商民主的运行效果大打折扣。①

首先，基层协商民主的制度政策还不完善。就目前而言，农村阶层协商治理还大多停留在文件层面，并且多是原则性的规定和提倡，究竟如何行使协商民主，还需要具体的配套政策。虽然基层社区都有村规民约和自治章程，但是缺乏配套的政策保障。协商治理的制度依据和刚性不强，具体协商事项和参与的流程也不太明确，这些缺陷都制约着农村社区协商治理的有效推进。制度的实施需要很多具体的配套实施细则，也需要借助于基层自治的平台制定相应的行为规则。在村民居民自治规定中急需规定协商治理相关要求和操作流程，把社区协商治理作为制度固定下来，并且在相关配套政策中充分给予保障。

其次，社区居民的基本权利保障不够充分。当前，农村社区协商治理还处于起步阶段，相关制度细则还没有明确，人们参与协商治理的行为还处于自发阶段，最大特点是权利内容不明确，权利行使也不够规

---

① 高萌：《层协商民主视域下社区治理研究》，南京师范大学硕士论文，2018年，第19页。

范，权利受到侵犯也缺乏保障。居民参与的权利和责任、参与内容、参与途径等相关配套措施规范都不够详细或者根本没有规定。造成这一现象的原因是协商治理的制度化水平还比较低，居民对自身民主权利的认识也不到位，缺乏积极行使民主权利和参与协商治理的意识，往往是把参与协商治理作为被动的负担，是配合社区开展治理工作，更不要谈自身的维权意识。同样，村居干部也缺乏对村民居民权利的尊重和保障，只是关注问题的解决，忽视权利的充分行使。

再次，协商治理参与的渠道不多。受乡镇政府对农村社会组织购买服务经费的控制和乡镇机构条块分割的制约，农村社会组织的参与渠道有限，大多通过承接政府购买服务方式参与社区治理，缺乏制度化参与社区自治、社区决策、社区管理、社区安全以及社区矛盾化解的平台，与农村社区治理主体的合作、协商、互动、共治的方式和渠道不多，制约了农村社会组织参与农村社区治理的效果。要大力强化乡镇党委和农村基层党组织的党建引领功能，发挥执政党统揽全局、协调各方的优势，创新党建主导和引领下的农村社会组织参与农村社区共治、自治、德治、法治的机制体系。

最后，相关法律法规存在滞后性。基层协商民主的实践形式过于陈旧。存在为了追求协商结果的一致性，在协商意见遭遇分歧的时候，转而采取少数服从多数的选举民主的现象，这是不科学的。① 但是，当前社区中所施行的条例和法规如《街道办事处组织条例》《城市居民委员会组织法》等，大多数是在我国社区建设初期所制定，与社区治理创新和基层协商民主推进工作不相匹配，存在严重的滞后性。通常是政府文件出台后开展工作试点推进，但是一旦遇到法律制度的障碍就束手无策，政策规定与实践推动形不成良性互动，相互缺乏有效支撑。

---

① 胡晨：《我国基层协商民主面临的困境与对策》，《赤子》2017 年第 8 期，第 8 页。

五、农村社区协商治理的能力不强

农村社区协商治理的主体是多元的，村居书记作为基层社会治理的主导者，其素质能力决定着协商治理的成效。由于基层组织行政化趋势日益强化，基层组织人员在精力有限的情况下，参与协商治理的意愿呈现下降趋势，其中书记的素质能力更为关键。

(一)社区党组织书记能力现状分析

党支部是党的最基层组织，是党的全部工作和战斗力的基础。党支部书记作为基层党组织班子的班长，是基层党组织建设的"领头雁"，是党员队伍的带头人，党支部书记能力和素质的高低，直接影响着党的路线、方针以及政府各项政策在基层的贯彻落实。2015 年 7 月 8 日上海"1+6"①文件实施后，创新基层社会治理急需建设一支高素质的基层党支部书记队伍，这是摆在各级党组织和广大党员面前的一项重大而紧迫的任务。课题组立足于强化基层社会治理创新的新要求，坚持问题导向，调研了 J 街道社区党支部书记队伍建设现状，并对如何加强书记队伍建设提出了对策建议。

以上海市 S 区 J 街道辖区内共有 13 个社区居委会为例，② 现常住人口近 12 万，共有 36000 多户居民、25 个住宅小区(其中商品住宅小区 19 个)。社区现有各类工作人员共 122 人(其中兼职 11 人)。社区党(总)支部 13 个，党员 1052 人(含在职、流动)，13 位社区党(总)支部书记中，男性 5 人，女性 8 人；平均年龄 43 岁，其中 30 至 35 岁 4 人、

① "1"是《中共上海市委上海市政府关于进一步创新社会治理加强基层建设的意见》；"6"是涉及街道体制改革、社区治理体系完善、村级治理体系完善、网格化管理、社会力量参与、社区工作者的 6 个配套文件。

② 这些社区大部分是村改居后的社区，具有农村社区的显著特点，居民市民化程度还不高，居委会干部还习惯于用村干部思维方式解决问题，本课题调研这些对象也能够说明当前农村地区协商能力现状。

36至45岁4人、46至50岁0人、51至55岁5人；中专学历1人，高中学历2人，大专学历1人，本科学历9人；任社区书记年限1年2人，2年3人，3年2人，5年2人，6年1人，8年1人，11年1人，13年1人。从课题组座谈调研情况看，J街道社区党(总)支部书记队伍整体素质较高，维护社会稳定和创新社会治理的能力较强，得到了大多数群众的肯定。但随着社会的不断发展，基层工作面临着许多新矛盾和新问题，相对于新时期的要求和广大党员群众的期望，社区党(总)支部书记队伍建设仍存在一些不容忽视的问题，具体表现为：

首先，整体结构有待优化。一是年龄两极分化，缺乏中坚力量。在13名书记中年龄集中在两头，“60后”和“80后”占了绝大多数，“70后”仅有2人。二是学历水平还有进一步提升的空间。J街道导入人口较多，高素质人才也较多，所以对书记的文化学历要求就越来越高。在13人中9人具有本科学历，其中全日制本科学历仅有3人，存在较大提升空间。三是部分同志从事书记岗位工作时间较短，经验相对缺乏。有7人是近3年内担任书记职务的，需要更多时间积累工作经验。

其次，学习能力有待提高。一是理论水平不够高。有的党支部书记政策理论根基不深，能力、素质跟不上形势发展的需要，不善于用新的视角去认识问题、用新的思维方式去分析问题、用新的方法去解决问题。尤其是对政治理论学习不够深入，对政治思想学习不够重视，集体组织的各项学习活动虽然能按时参加，但是平时学习的自觉性、主动性不强；学习内容不系统、不全面；学习中存在实用主义倾向，对工作联系大的业务政策学习较多，与工作关系不大的学得少。二是学习能力较薄弱。平时不太注重学习和积累，往往用到什么学什么，比较被动。部分书记遇到新鲜事物和新科技较依赖年轻人。按照上级安排做的多，主动学习的少，学习上浅尝辄止、蜻蜓点水，在系统深入上还不够重视，虽然学了些政策理论和业务知识，但浮于表面的多，知识面不够广。三是工作提升能力的不足。部分书记不能及时对过去一定时期的工作、学习或思想情况进行回顾、分析，并做出客观评价的书面材料。社区工作很多是零敲细打的活，有时候一天下来，甚至一周下来都不知道自己忙了些什么。到了年底虽然知道忙忙碌碌一年，要总结却是如鲠在喉，吐不出来。

再次，工作作风不够扎实。一是工作主动性不够强。一些书记遇到难点、热点问题就不知道怎么处理，要么绕道走，要么把矛盾上交，不能很好地发挥组织的力量主动解决问题。有时会安于现状，有求稳、怕出问题的思想存在。有时觉得自己工作多年了，在一定程度上缺乏闯劲、拼劲，精神状态有些懈怠，得心应手的工作抓得多一些、实一些，而难度大、见效慢的工作抓得虚一些、少一些。有时局限于上级布置什么做什么，有时产生的新想法也只是停留于心动而无行动的状态。二是工作热情不够高。主要表现为表率作用不明显，有的支部书记不是有工作就抢、遇困难就上、见荣誉就让，而是替自己考虑得比较多，存在患得患失的现象。个别党支部书记在党建工作上存在着不求有功、但求无过的思想倾向，工作墨守成规，没有创新、没有特色，一定程度上影响了党组织的凝聚力。当前不少党支部书记精神状态不好，对岗位敬业精神不强，能力水平不高，对党建工作在本单位应做什么有模糊不清、得过且过的状况，加上许多年轻的书记工作经验不足，容易冲动和工作方法简单，也会影响工作的落实和推进。三是群众工作不深入。深入居民群众不够，工作作风不够扎实，工作还不能完全沉不下去，与小区居民群众交心、谈心比较少，所以不能及时了解居民的意愿与想法，不能掌握群众的思想动态及急需解决的困难和问题，缺少对群众的关怀。工作方法上有时不够恰当，不够策略，处理问题时缺乏冷静思考。部分书记对下面条线干部的思想状况不能做到真知、深知，做思想政治工作缺乏针对性和有效性。有时处理事情不够冷静果断。比如年轻党支部书记，有时候对于一些自己没有遇到过的新矛盾还缺乏果断的研判力，存在遇事不够冷静、不够细致等问题。

最后，素质能力不太适应。一是基本功不扎实。少数党支部书记基本功不扎实，缺乏较扎实全面的党建工作专业知识，思想观念跟不上形势发展要求，导致开展党建工作缺乏科学性和实效性。二是管理要求不严格。部分书记对本支部成员存在的问题，采取回避态度的多，主动解决的少，姑息迁就的多，从严要求的少。有时对上级精神领会不到位、思考不全面，习惯于当“二传手”，说过就算干过了，满足于开会布置，至于工作是否高标准、高质量地完成，则缺乏“紧抓不放、一抓到底”的狠劲。三是缺乏精品意识。部分书记工作上只求过得去，不求做细、做精，缺乏精益求精的精神。在工作要求上，工作的标准要求不够高，满足于完成，求数量与求质量没有有机地结合起来，虽然能按时完成工作任务，但标尺定得较低，较易有满足感和成就感。

显然，部分社区干部的素质不适应基层社会治理的需求，存在上述问题的原因：

一是用人机制制约社区党组织书记队伍发展。从用人机制上来看，居委会是自治性质组织，工作人员收入较低，较难吸引优秀人才，加上经济社会营造的氛围，客观上也让那些年富力强的高学历人才较少关注社区工作。现有社工队伍的不稳定导致储备人才难以培养，一些综合素质较好的居委会干部，因酬劳、工作时间等原因，也纷纷离开了社区。从管理机制上来看，由于服务对象众多复杂，管理范畴面面俱到，而居委会干部编制有限，上级布置的工作多、时间紧，很多支部书记身兼数职，任重事杂，工作压力很大。这些在很大程度上影响了书记的积极性。

二是社区治理难度加大，素质能力难以匹配。随着时代的不断发展，居民们对社会治理水平的要求越来越高。J街道管辖的小区大多是外来导入购房居住，人员结构较复杂，素质参差不齐，不同的地域、不同的习俗、不同的需求，对小区的管理和建设带来较大的难度。加上白领居多，诉求多元、要求高，个人利益较突出，给开展工作带来很多困难，再加上小区偏大，人口众多，党员居民的参与力度不够，开展工作也有很多困难，使许多工作不到位、没落实。

三是支部书记队伍不再能以原有的工作方式方法解决新问题。以前，社区党组织书记大部分实行属地化任命，从小生活在现今工作的地区，因而对该地域范围内的人和事物非常了解，熟知每个人的习惯，因而处理问题游刃有余。然而随着城市化的不断推进，外来导入人口增多，管理变得越来越难。以某社区为例，只有1/10是本地人，剩下的9/10外来人口由于方言交流、地区习惯的差异和受教育水平的不同，导致无法有效管理，在一定程度上影响党员参加党课、活动的积极性。有的时候碰到居民无理取闹，如果是在体制内工作的居民，可以用体制内的制度加以约束；但是对于体制外的居民则无能为力，如果按照违反法规对相关居民进行教育，那么将会激化矛盾，对今后开展其他工作造成影响。例如，在动迁、拆违过程中，社区党组织书记积极配合相关部门按照政策做好工作，但是有的居民不理解，企图通过过激行为达到满足自己要求的目的。如果以妨碍公务罪拘留这类群众，那么在下一步的动迁签约和拆违过程中将影响沟通，拖慢进度；如果不处置，那么将助长他们的气焰，引起观望群众跟进，扩大事态。所以，如何把握社会治理的“度”成了摆在书记能力建设面前的一个难题。

四是缺少个性化、专业化的工作指导，书记队伍培训效果受制约。面对J街道辖区内“两小两多”，即区域面积小、驻区单位少，人口密度大、人才资源多的特点，街道结合各社区党支部实际，开展了专题讲座、“党建显作用，党员在行动”和“交通文明，党员先行”等系列活动，进一步探索开放式组织生活。然而，党建部门对于以各社区党组织为单位开展特色工作的指导和培训并不多。虽然各社区党组织以党建项目化为抓手开展党建工作，但是同质化较多，无法凸显特色，书记缺乏开展特色工作的针对性培训。

五是书记自身认识不到位，党建工作相对薄弱。一是对党建工作认识存在偏差。对党的建设、党风廉政建设和干部管理工作认识不到位，关注度相对不够，按照“一岗双责”要求，抓业务工作与党风廉政建设存在一手硬、一手软的现象，在抓班子、带队伍方面还有差距。有些支部书记把社区行政工作和党建工作混为一谈，甚至觉得思想道德建设是空谈，是形式主义。工作重心过多偏向社区管理、服务居民，而忽略了党组织的制度建设、党员的教育管理以及与党员的思想交流。二是抓党员队伍建设方法不多。党员素质参差不齐，部分党员素质较差，加上年轻党员较多，使党支部在教育管理上无法全面到位。如党小组的学习和支部大会的参与，基本上就是几个老面孔，年轻党员与返聘工作的退休党员基本上不参加学习和会议，向他们提出和教育，效果不明显。党支部对这些情况无所适从，处理又不能处理，教育又起不到效果，对开展党建工作带来较大困难。三是对培养后备干部缺乏担当。缺乏对从年轻干部的职业规划、愿景、能力的培养，往往做了甩手掌柜，全权委托给上级部门来做。这是对年轻干部的不负责任，我们应该引起重视，除了日常的谈心交流，组织集中学习外，对年轻干部应该放权，赋予一些权力，安排一些工作任务，以培养他们的工作能力。

（二）农民政治参与能力较低

协商治理顺利推行的重要前提是协商主体有参与协商的能力。农村社区居民受教育的程度较低，如安徽省天长市 28. 4%的社区居民只有小学学历，高中以上的不超过 60%，导致他们不愿意主动参与农村社区协商治理，进一步导致自身的公共素养缺失。而且农村社区居民参与协商治理的年龄结构、性别比例失调，多为老年人、妇女，这也制约着农村协商治理的深入展开。[①] 这是农村社区协商治理要面对的基本现实，离开这一现实的超前治理都会受到不可避免的挫折。

首先，农民政治参与认知能力较为薄弱。农民是农村法治和农村社区治理能力现代化进程中最重要的成员，但是作为分散经营的个体或者作为务工的个体，其政治参与的认知度非常弱，基于自身利益的考虑，农民通常只选择与自己利益相关的事项给予关注，与自身利益无关的事情一概不理，就是事关自身利益的时候，很多情况下又会有搭便车的心理，自己不参与其中，等到别人参与有结果的时候，自己再参与其中获取最大收益，但结果往往是大家观望，没有人愿意为大家利益参与公共事务，这也是公地悲剧的原因之一。进一步分析，农民参与政治协商的意愿不足主要与其对协商治理的作用大小有关，政治认知是基于实践认

① 张立伟：《我国农村社区协商治理的现状、困境及发展对策——基于全国 7 个农村社区治理实验区的分析》，《行政论坛》2019 年第 3 期，第 44-50 页。

知的，并且具有群体认知的特性，也就是说如果在社区中居民普遍认为协商治理是个形式，一旦成为群体认知，就会对群体中的每一个成员的认知进行强化，最终大家形成一致的认知共识。要推进协商治理就必须培育引导形成积极的、正向的协商治理认知，并且可以通过各种形式的宣传展示，帮助居民群众形成更加广泛的认知。

其次，农民参与的素质、能力薄弱。只有参与意愿还不能解决协商民主的全部问题，在有了正向的认知基础后，就需要认真讨论参与协商治理的素质、能力。有效参与是需要必备的知识技能的，决定有效参与的因素是多方面的。不幸的是，在这些影响农民政治参与技能的各项因素方面我国农民均较为薄弱。调查发现，19.0%的农民不了解农村社区治理实验区建设的相关政策，28.0%的农民不了解治理方法，39.1%的农民认为自己说服不了别人。① 这一数据也说明，农民参与社区协商治理最大的障碍就是知识技能缺乏，也就是说农民有参与意愿的情况下，往往会受到参与能力素质的限制而放弃参与。提升农民素质与参与治理是一对矛盾，也是一个整体，农民参与的素质、能力低是参与治理效果不佳的原因，但是反过来，具体的政治参与又是训练提升农民参与治理的必备环节。这个过程是一个缓慢的发育过程，也会有反复、倒退，对农村社区协商治理而言是一场真正意义上的协商民主的马拉松，要对农民参与协商治理的积极性给予极大的呵护，对出现的问题和不足给予充分的时间改进消化，对共性问题要给予有针对性的专门的培训。因此，要辩证看待社区居民的素质、能力问题，不能简单、抽象地就素质、能力来谈素质、能力，而是要放在具体社区协商治理中来行动，在协商民主的实践中培育协商精神和提升协商治理的素质、能力。

最后，农村社会组织的组织力较弱。根据中共中央、国务院《关于加强和完善城乡社区治理的意见》、中共中央办公厅、国务院办公厅印发的《关于加强城乡社区协商的意见》和民政部《关于大力培育发展社区

① 李诗悦：《农村社区治理创新的现实困境与对策研究——基于湖南 23 个实验区的调查》，《江西社会科学》2017 年第 10 期，第 239 页。

社会组织的意见》，农村社会组织具有提供农村社区服务、促进村民参与、培育社区文化、促进社区和谐等重要作用。但当前农村社会组织的功能大多停留在社区服务层面，而事关农村社区治理体系和能力现代化的自治、共治、法治、德治以及参与公共政策制定、强化社会性监督和推动第三方评价等功能还有待加强，农村社会组织促进村民参与、调解社区矛盾和参与社区协商的机制还不完善。农村社会组织的类型也较为单一，主要是经济功能类的社会组织，参与社会协商治理的能力不强。还有就是大量志愿者队伍类的社会组织，这些社会组织主要是基于兴趣，对组织成员的约束力也比较弱，也没有参与社会协商治理的动力。基层社会治理是自治、共治、德治、法治的有机统一体，因此相对应的是社会组织也应该具备相应的类型，尤其是具有上述内容的治理功能。比如，农村社区的议事平台、红白喜事理论会、矛盾调解的老娘舅等，但是都缺乏专业社会组织的有机整合，处于散小弱的状态，其功能也大多处于自发状态，缺乏持续性的参与治理。

（三）参与协商治理制度保障不齐

首先，参与协商的制度不够完善。农村社区协商治理仅仅局限于社区自身的制度搭建是远远不够的，对农村社区协商治理需要有针对性的相关规定，明确治理主体的地位、责任和治理内容形式。在此基础上社区再制定相关的议事规则和程序，并且纳入基层民主治理的整体框架中，把协商制度作为基层治理指导的重要环节。要防止出现就协商治理谈协商治理的情况，把协商治理孤立起来，那么协商治理最终也难以融入农村社区自治的过程。当然，更需要关注农村社会组织参与协商治理的制度不足问题，由于大量的社会组织并不是为了参与协商治理而成立的，那么在农村社区协商治理过程中就必须解决这个障碍，通过一般的制度设计赋予各类社会组织参与协商治理的主体资格，可以极大地提升现有的协商治理制度规定的适应性，为拓展农村协商治理的主体范围打破制度上的障碍。

其次，农村协商治理的结构较为封闭。协商治理本来就是一个开放性的治理体系，这也要求协商主体自身的开放性。我国乡村振兴战略的实施正处于农村经济高质量发展、社会治理整体性转型和农村社区治理结构性转型的过程之中，治理主体的结构和能力都有待于优化和加强。农村社区协商治理的主体结构封闭，大多仍是传统的农村两委组织，协商治理主体的多元化、代表性、专业性不够。社区事务越来越复杂，协商解决社区事务必然要依赖于更多的资源，那么参与协商治理的主体就需要更开阔的视野，参与协商治理的主体来源更加广泛，弥补社区自身治理资源的不足。当然，进一步来看，社会专业组织的介入也可以极大提升社区协商治理的成效，比如，老旧公房加装电梯，这不光涉及相关法律规定和烦琐的审批程序，还有居民意见征集和经费筹集等问题，这么一个专业的过程，仅仅靠居委会和居民来协商非常困难，效率非常低下。正因为如此，凡是做得成功的加装电梯项目都要专业的社会组织介入，并且在这一协商治理过程中是有第三方的社会组织来主持推进的。

再次，农村协商主体协商力不强。农村社区协商主体大部分依托社区中的志愿者和有影响力的人。典型表现为缺乏对乡村社区中乡贤、老党员、“两代表、一委员”等本土资源的深度挖掘，以及乡村社区外部治理资源(如律师、专家、社会组织等)的制度化吸纳，导致农村社区协商治理的公共性、公益性和专业性不足。由于农村社区普遍老龄化的现实，老年人参与社区事务的精力、能力都比较差，大量的协商需要上门做思想工作，需要反复多次开会协商，一旦有较为复杂的社区事务，这些老年志愿者就难以发挥功能。如果遇到要与政府部门进行协商沟通，那么如何与政府打交道又成为农村社区协商治理的难题，由于对相关政策法规不熟悉，对相关事项流程处理不清楚，根本无从下手。这些问题的出现说明农村社区协商治理主体自身的局限，虽然不能苛求参与社区协商治理的主体具备如此强大的协商能力，但是可以对参与社区协商治理的居民给予培训，提高他们作为协商主体应具备的沟通协调能力。

最后，农村社会组织的专业性不强。农村社区协商要处理好村居委会、社会组织、村居民之间的关系，尤其是要提升协商治理的专业性水平。农村社区协商治理的主体能力不强现象严重，农村基层党组织在确定协商议题、协商规则、协商程序、协商形式、协商过程、协商成果应用等环节的组织力、引导力、号召力、影响力不强，村居委会面临“弱化、虚化和异化”风险，农村社会组织发展不充分，农民参与协商治理的技能和素养不够，导致农村社区协商治理往往流于形式，制约了农村社区协商治理的功能发挥和价值引领。专业性不强导致的问题是连锁反应，由于专业性不强导致协商治理的环节可有可无，把协商治理等同于征求意见；没有协商的专业精神还会导致强势一方不愿意与其他主体进行协商，更不愿意妥协退让达成一致，协商治理根本没有空间；没有协商的专业技能也会导致越协商发扬民主，越无法形成共识决策的怪圈。发动居民参与协商容易，有效引导，取得协商结果不易，缺乏专业性的结果往往是事倍功半，反而会造成社区居民之间的撕裂。协商治理的每一个环节都有专业性的要求，协商治理的不同主体都需要具有专业协商精神和协商能力。

第五章　农村社区协商治理的系统建构

实施乡村振兴战略是党的十九大做出的重大决策部署，乡村振兴战略提出“产业兴旺、生态宜居、乡风文明、治理有效、生活富裕”总要求，其中“治理有效”是乡村振兴的社会基础，也是农村社区协商治理的本质要求。相比较社会主义新农村而言，乡村振兴更加注重农民的主体地位，更加注重农村社会的有效治理。

推动乡村振兴战略，关键要提升农村社区协商治理的有效性，完善社会组织参与农村协商治理的机制体系。农村社会组织参与农村社区协商治理作为一种民主治理机制，能够促进农民利益诉求的组织化、农民利益表达理性化、农民利益参与的协同化，实现农村社区协商治理的制度性整合。农村社会组织充分参与到协商治理的进程中，能够推动农村社区共治主体多元化、共治载体多样化、共治程序规范化，实现农村社区协商治理的功能性整合。构建农村社会组织参与社会治理的机制体系可以强化农村“软法”之治，培育农村社会资本、建构农村社区精神共同体，实现农村社区协商治理的认同性整合。

所以，应充分重视农村社会组织参与农村社区协商治理在乡村振兴战略中的地位和作用，坚持农村社区协商治理的“工具性价值”和“目的性价值”的统一，坚持理念上的民主性与协商性，规范上的程序性和操作性，形态上的有效性和多元性，环境上的兼容性与扩展性，资源上的延续性与创新性，战略上的内生性与移植性，推动农村社区治理体系和治理能力的现代化。①

---

① Samuel P. Huntington. *Political Order in Changing Society*. New Haven: Yale University Press, 1968: 9.

一、健全农村社区协商治理的多元制度

（一）完善农村社区协商治理的保障性制度

社会组织参与农村社会治理需要必要的前置条件，基层党组织是农村社会治理的领导核心，也是推动不同协商治理主体有序参与治理的政治保障。推进农村社会组织参与农村社区协商治理，要强化制度供给，理顺体制机制，完善党建引领下的保障性机制，健全乡镇统筹推进机制，完善竞争、监督、评价机制。最终形成以农村基层“两委”为核心，以本土内生性自治组织为主体，以多样社会组织为辅助的新时代乡村治理体系。①

1. 构建党建引领的社区治理框架

党建引领不是抽象的，引领就是引导，发现问题，指明方向，就是党建工作要走在前面引导、带领、示范。党建引领是一种全方位的引领，着眼于党组织领导力的塑造，体现为党组织的社会动员能力、组织凝聚能力、工作推动能力与服务群众能力。自治是指基层各类组织不需要外部强制性力量干预，根据基层群众意愿形成集体选择依法治理公共事务并进入自我教育、自我管理、自我服务、自我约束的过程。共治是基层各类治理主体通过体制创新和适度赋权相结合，提升基层治理专业化和精细化水平，共同参与基层公共事务的过程。

党建引领基层自治共治的基本内涵包括党建引领的引导者是基层党组织。党建引领的基础是参与基层治理的各主体之间平等协商，建立相应的民主协商机制。党建引领的形式有组织引领、价值引领、专业引领、示范引领和项目引领。② 党建引领的目标包括完善基层治理组织化

① 陶丽萍、李技文、刘科军：《乡贤参与乡村社会治理应处理好的五大关系》，《领导科学》2020 年下，第 115 页。

② 中共上海市松江区委党校课题组：《党建引领基层自治共治的理论与实践》，《上海党史与党建》2017 年第 1 期，第 56 页。

体系，提升党建引领的领导力。比如，上海市松江区以党建项目化促工作精准化，使党建工作从“软任务”变成“硬指标”，提升党建工作实效。

党建引领功能的实现需要借助党建嵌入的模式创新，把党建工作与协商治理融为一体。建立党建引领的机制要求把党组织嵌入基层自治共治体系中，寻求基层自治共治中的党建引领主线，通过愿景价值、组织载体、评价示范等多层次的引领主导，实现社区公共资源与基层自治共治的有序对接，创建基层自治与共治的良性互动新局面。党建的引领通过组织的资源整合得到了放大，也促进了区域内各个治理主体的协同。

2. 健全乡镇统筹推进制度平台

农村协商治理不同主体之间有不同的利益诉求，要实现有效的协商治理，就必须在一定区域范围内进行全面统筹，为深入协商治理提供基础。最为核心的是要健全乡镇统筹推进必须协调政府与农村社会组织等各方利益关系，只有理顺二者的利益关系，找到二者最大公约数，才能寻求农村协商治理的最大共识。

首先，实现不同治理主体之间的平等交流。协商的要义就是平等的对待，充分尊重不同的诉求表达，在不同主体之间要有一种平等协商的机制。这就需要搭建一个多方参与平等交流的对话机制，可以丰富参与表达的方式，给予不同主体平等表达的机会。平等协商交流的关键是村居委要有一种真诚协商的态度，要充分包容听取各种不同的意见，对一时难以达成一致的问题，能够进行多次耐心沟通。这一切都是建立在所有主体都是平等的，具有平等参与的权利，并对自己的参与行为负责，有了这种意识，才会有理性有序的协商沟通，协商治理才会朝着共识方向前进。

其次，协调农村社会组织与村居委之间的关系。农村社会组织与村居的关系主题是合作协同，两者之间避免同质化，社会组织异化为村居委的帮手，社会组织一旦失去独立性，也就是去了存在必要性。同样，农村社会组织更不能走到村居委的对立面，成为基层社会治理体系中的异己力量。两者合作协同既需要制度设计保障，更需要双方都具有共同的价值认同，在此基础上提升参与协商治理的能力，发挥各自应有的作用。社会组织也要多跟外界成功的农村社会组织进行经验交流，积累成功的经验。① 这样有助于开阔视野，提高参与协作的知识技能，也有助于优化农村社区协商治理的结构。

再次，坚持党建引领与条块联动并重。具体说，就是探索以民政部门为中心、乡镇社区为主体、农村社会组织服务中心为基础的农村社会组织三级管理服务体系，改变现有体制下注册类农村社会组织“双重管”等于“没人管”，备案类团队散漫管理的尴尬状况。党建引领的关键是发挥基层党组织的组织优势，打通条条块之间的屏障，激活条块辖区内各级党组织的服务功能，把大家的资源优势集中整合起来，在条块之间开展党建联建，发挥党组织的引领力和组织力，把党建资源、政府资源和社会资源充分利用起来，最大限度为农村社会组织参与协商治理寻求共识，提供预先协商沟通化解矛盾的党建平台载体。通过这样的载体，也可以激活区域内党员的先锋模范作用，为社会治理注入新鲜活力。

最后，搭建社会组织参与协商治理的制度性平台。这对乡镇统筹而言，指的是要推进民政部门与乡镇社会建设部门的对接，搭建农村社会组织参与农村社区协商治理的议事协作的制度性平台，促进乡镇政府、村两委、农村社会组织、村民等多元主体在社区治理领域的协商、合作、协作、联动，破解农村社会组织参与农村社会协商治理“碎片化”的困境。② 有了社会组织参与协商治理的制度性平台，就打通了社会组织参与协商治理的通道问题，在这样的基础上，社会组织可以有效发挥其组织优势，充分与政府进行协商沟通，同样社会组织也可以发挥其沟通优势，在村委会与村民之间进行有效沟通协调，为协商治理奠定基础。比如，天津市宝坻区的村级“民主协商议事会”、成都市的“村民议事模式”、广西贵港市的“协商自治模式”等，通过协商会议的形式征询

① 叶大凤、覃丽芳：《促进农村社会组织发展的政策建议》，《福州党校学报》2017 年第 1 期，第 31 页。

② 胡永保、杨弘：《试论我国乡村协商治理的发展与推进》，《西北农林科技大学学报(社会科学版)》2019 年第 1 期，第 124-125 页。

群众意见，解决了农村发展中的棘手问题。

3. 构建系统性竞争监督评价制度

加强乡村治理监督工作、净化农村政治生态环境是乡村振兴的基本保障措施。在规范社会组织发展方面，一是推进行业协会与行政机关脱钩，不得向企业乱收费，推进社会组织信息公开工作；二是加强对境外机构的监管。就协商治理的活力而言，需要全面建立健全系统性竞争评价机制，破解“村务监督落实到位难”问题，构建责权明晰、分权制衡的乡村现代治理机制。

一是建立公平竞争制度。为破解政府垄断导致农村社会组织腐败和权力寻租等现象，探索社会治理项目竞标方式，通过引入两家或多家农村社会组织参与购买服务供给，形成多元化竞争机制，多方竞争机制可以充分激活社会力量，并能通过公开竞争比较，有利于促进农村社会组织发展。有序的竞争需要建立行业协会、商会等社会组织联合体，促进共同发展。构建以社会组织为平台的社会力量整合和激励机制，最大限度整合人、财、物资源参与公共服务供给。

二是建立多维度绩效考核制度。就绩效考评的原则来说，要秉承“公平、公正和公开”的原则，考核必须要科学的指标体系，能够全方位衡量社会组织协商治理的成效。就考核指标来说，可以设置乡风村风、文明规范、公共服务、环境整洁、财务透明、村民满意结果等几个指标来评价其治理效果。① 同样这样指标的设置要充分体现社区居民对社区治理项目的评价，把居民的切身体验和治理成效作为评级考核体系的主要指标。当然，也可以依据不同指标的重要程度设置不同的权重，让绩效考核指标体系更加科学合理。

三是完善对社会组织的监督制度。首先，完善社会组织监管体系，建立综合执法监察机制，依法查处社会组织违法行为和非法社会组织活

① 张露露、任中平：《基层治理中农村社会组织的机制创新研究——以广东云浮乡贤理事会为例》，《长春理工大学学报（社会科学版）》2015 年第 10 期，第 25 页。

动提高政府监管效力。① 试点社区资格准入制度、注册管理审查制度等，通过由服务对象(村民)评价的方式来强化监管，提升公共服务的绩效。其次，进一步完善事前事后监管体制。事前事后监管体制不是平均用力，对政府而言更多的是事后监管，给社会组织提供更多的更便捷的服务，变一次审批为动态监管，把服务和监管结合起来，助力社会组织健康成长。最后，要明确监管的对象、目的、范围、标准。监督评价的尺度对不同的社会组织而言虽然有差异，但是作为政府部门而言，要有一个衡量的标准，以免不同的管理部门理解和执行产生偏差。② 主要是减少任意不必要的对社会组织的监管评价，目的是营造一个有利于社会组织规范发展的法治环境。

四是建立第三方评价制度。引入第三方组织开展社会评价是一项很复杂的系统性工作，必须建立一套科学的评价管理机制。首先，要设立科学合理的指标体系，加强过程监督和终期评估，保证评估工作的客观公正，建立奖惩和退出机制。其次，要拓宽评价渠道，增加评价主体。评价主体涵盖国家机关内部、外部各个阶层、各个领域，有利于加强社会监督，主体多了，渠道宽了，评价自然更客观公正。最后，要倾听民声、反映民意。由第三方组织广大群众参与考核评价，从根本上改变了单一评价、内部评价的权重分量，破解了“内部自我评价”主体单一、指标主观、模式固定、方法呆板、成果公平公正不够的困境和难题，健全内部管理和以诚信为重点的信息披露、失信惩戒制度，促进社会组织自身的规范性建设。

五是完善社会组织的管理制度。农村社区协商治理不断深入，参与治理的主体也日趋广泛，这就对职能部门的监督管理提出了更高的要求。在条件允许的情况下，可以探索行业协会、基层社会组织、公益慈善组织、民办非企业单位登记管理新办法，增强社会组织的社会性、民

---

① 张华林：《积极创新社会组织监督管理机制》，《中国民政》2012 年第 6 期，第 44 页。

② 叶大风、覃丽芳：《促进农村社会组织发展的政策建议》，《福州党校学报》2017 年第 1 期，第 31 页。

间性和自律性。对已经成立的农村社会组织，要引导其建立和完善内部治理结构，运用行政、法律手段监督其守法运作，逐步纳入规范化治理轨道。[①] 对社会组织监管必须坚持法治的要求，恪守法治底线，只有严格依照法律规定严格规范其发展，长远来看社会组织才能发展壮大。比如，湖南娄底市新化县以村级事务积分考评管理为抓手探路乡村治理，村级事务管理“微积分”将“积分”转化成干部创造力和现实生产力。

（二）健全农村社区协商治理的支撑性制度

社区协商作为实现基层群众自治的重要方式之一，必须有效贯穿于基层群众自治的全过程，有效整合、利用社区既有组织资源、制度资源，推进社区协商与社区治理机制、社区服务机制实现有效衔接，做好存量资源挖掘与增量改革创新的协调与融合发展。特别是要在基层群众自治范围内尊重契约与规则、民主与共赢以及既有协商议事载体的承载和包容能力，逐步建立起与民主选举、民主管理、民主决策、民主监督等自治环节相融洽和衔接的社区协商制度、机制与程序，从而实现社区协商与基层群众自治的互联互通、协同发展的良好局面。[②]

相对于高质量协商治理而言，虽然我国农村社会组织取得了长足的发展，但与农村社区协商治理的需求相比，依然存在“总量不够、结构不优、质量不高、规模不大、能力不强”等问题，需要健全促进农村社会组织发展的支撑性机制。

1. 探索农村社会组织公益众筹制度

一是拓展农村社会组织的运营经费来源。农村社会组织参与协商治理需要必要的经费支撑，但是其自身的经费来源匮乏，也缺乏向社会募集资金的通道。因此，需要鼓励农村社会组织依托互联网平台发布筹款

---

① 王义：《农村社会组织治理结构失衡与矫正研究》，《云南行政学院学报》2009 年第 3 期，第 22 页。

② 陈荣卓、刘亚楠：《中国社区协商治理的制度转型与创新发展——基于 2013—2015 年度“中国社区治理十大创新成果”的案例分析》，《华中师范大学学报（人文社会科学版）》2020 年第 1 期，第 32 页。

项目，鼓励社会资金设立社区公益基金，扩大社区协商治理项目的资金支持力度，搭建农村社会组织与企业之间的资源对接平台，依法募集农村社区治理资金。

二是推动乡镇设立协商民主发展基金(会)，扩大社会面资源供给。也就是说创新农村社会组织经费的制度化平台，有了专门面向农村社会治理的专项基金，就可以大力扶持农村社会组织发展壮大，以及提升其参与农村协商治理的经费保障。当然，专项基金的设立和使用要符合相关规定，也可以与其他相关的基金项目进行整合，以确保专项资金的有效使用。

三是增加农村社会组织服务性收入。农村社会组织要持续参与到农村协商治理的过程中，那么就需要建立农村社会组织持续盈利的模式，也就是说，要扩大农村社会组织的自我造血能力，能够通过提供相关服务而得到报酬，从而让自己能生存发展。例如，美国、韩国和英国等发达国家的社会组织50%以上的收入来自服务费，我国农村社会组织服务性收入增长的空间很大；应完善农村社会组织减免税政策，降低农村社会组织的运行的制度性成本。① 当然，由于农村社会组织发育程度不同，农村社会治理的机构也不同，对不同类型的社会组织而言，如何提升自我收入方式方法也不尽相同。比如，成立于2015年6月的上海盈浦社区基金会是上海市郊首家社区基金会，立足于社区，服务于居民的公益组织。

2. 完善农村社会组织的利益保障制度

农村社会组织的利益保障指的是对农村社会组织的资金补贴、税收政策、金融贷款、人才培训等方面的制度体系，目的是帮助农村社会组织解决经费不足的困境。

首先，规范对社会组织的资金补助。给予资金补助主要目的是帮助社会组织启动运行，并对社会组织参与农村社会治理的具体事项给予必

① 季丽新：《中国特色农村民主协商治理机制创新的典型案例分析》，《中国行政管理》2016年第11期，第53-54页。

要的资金补助。显然这两种资金补助虽有不同，但是都需要制度规范，防止资金补贴出现乱用的现象，因此，政府对农村社会组织的资金补助要形成规范的制度，明确补助组织的类别、条件、标准等，保证资金的使用用途。总之，把对社会组织的资金补贴纳入农村社会治理的总的体系之中，为农村社会组织的成长和参与提供资金支持的力度。

其次，增加税收扶持并加大监管力度。税收政策扶持是对农村社会组织扶持的重要方面，具有规范性和持续性的特点。社会组织具有公益性的特点，盈利能力非常弱，能够生存实属不易，可以对农村社会组织减免相关税费。减免税收涉及的法律政策非常之多，需要相关职能部门严格按照法律程序进行操作，并且要充分考虑这项政策持续的时间和取得的成效，充分发挥税收政策的正向激励效应，尤其是要防止利用政策进行违规操作。

再次，增加金融贷款支持力度。对农村社会组织而言，尤其是有具体项目的社会组织对资金需求量比较大，又缺乏有效的融资渠道，那么就需要政府牵线搭台，为社会组织提供金融贷款支持。在贷款条件和额度上对社会组织给予优惠支持，为社会组织的培育孵化提供资金保障。一方面，可以提高农村金融机构对农村社会组织金融支持的力度；另一方面，也可以畅通农村社会组织通过市场化的方式获取发展所需资金的通道。

最后，在人才培养方面，政府要改善农村社会组织任职人员的福利，加大对农村社会组织管理人员的补贴力度，鼓励引导大学生村官加入农村社会组织。农村协商治理离不开专业的人才加盟，要吸引更多的社会组织和人才到农村去，就要营造农村对这些人才的吸引力，通过资金补贴、人才评定等具体的措施营造农村地区的人才环境。当然，农村社会组织可以引入保险机构，与保险机构形成有效的合作机制，对投保的成员可以提高补贴力度，增强其抵御风险的能力。① 为从农村的各类

① 叶大凤、覃丽芳：《促进农村社会组织发展的政策建议》，《福州党校学报》2017 年第 1 期，第 31-32 页。

人才增加另外的一份保险保障，让他们更加安心地在农村地区工作生活，为农村地区的协商治理贡献他们的才华和专业技能。

3. 构建枢纽型农村社会组织发展制度

农村社会组织的发育是一个过程，需要对其进行必要的孵化培育，尤其是发挥枢纽型的社会组织功能，通过培育孵化具有沟通连接治理主体之间的社会组织平台，为社会组织之间的发展提供信息和要素的对接，营造整个社会组织有序发展的生态环境。

一是发挥枢纽型社会组织的优势。所谓枢纽型社会组织主要是指具有较强的平台整合功能，也可说是社会组织的组织，可以为各类社会组织提供服务。具体来说，枢纽型农村社会组织具有场地、资源、政府直接扶持联系等优势，能有效整合乡镇层面党建、民政、工商、劳动、司法等资源，解决农村社会组织备案、挂靠、业务指导和管理等问题。因此，在社会组织培育过程中就要充分挖掘上述要素，提高农村地区协商治理资源的配置效率，优化农村社会组织发展的管理环节，政府为社会组织发展搭建统一的平台。

二是规范枢纽型社会组织制度建设。规范枢纽型社会组织首先要考虑的是把好入口关，在登记环节对那些不具备条件、资质的社会组织严格审查筛选，审批登记机关要加大对社会组织主管部门的责任监督，防止随意为不具备资质的社会组织担任主管部门。其次，在存续期间对社会组织的管理要严格规范，为农村社会组织登记注册、年检、法人变更等提供“一门式”指导服务。最后，引导成熟的社会团队发展为合法的农村社会组织，帮助暂不符合登记条件的农村社会组织建章立制，规范其运作和发展。

三是激活枢纽型农村社会组织的制度功能。推动农村协商治理需要“以点带面”和“点面结合”，尤其是枢纽型组织的功能就是以点带面，通过枢纽型平台示范带动社区力量参与协商治理。枢纽型社会组织是在同类别、同性质、同领域的社会组织中发挥政治引领、业务指导、服务提供、孵化培育、承担管理等功能，经过一定的程序，由各地社会管理领导机构认定的社会组织或社会组织联合会。① 对那些列入枢纽型的社会组织就要发挥其应有的功能，完善社会组织平台搭建，为社会组织的成长孵化提供多层次的活动载体，比如，举办社会组织能力培训，组织社会组织活动展示，组织社会组织开展优秀案例评比展示，通过丰富多彩的系列活动和平台搭建，为农村社会组织相互借鉴学习成长提供制度性的路径。枢纽型的社会组织的制度功能发挥关键是枢纽型社会组织建设的制度化、标准化，社会组织的管理部门要大力推进枢纽型社会组织建设的制度规范和评估指标，通过制度化的管理体系来促进枢纽型社会组织功能实现。

4. 完善重点农村社会组织的扶持制度

一是建立扶持社会组织发展专项基金。通过新建一批社会组织培育孵化基地，有针对性地孵化一批农村社会组织。与单纯资金补贴不同的是，专项发展资金针对的是农村具有参与协商治理能力的社会组织，通过专项资金的扶持和培育孵化，增强社会组织自我发展能力，健全政府与社会组织协作机制，加大政府资助力度，在推进政府向社会组织转移职能和购买服务方面取得新突破。比如，乡镇政府可以有计划分批次地对相关社会组织进行专项资金支持，尤其是要与治理项目相结合，通过政府购买服务的形式给予这些社会组织成长必备的帮助扶持。

二是重点扶持能够深度参与农村社区协商治理的社会组织。深度参与社会协商治理的社会组织一般自身经费较为紧张，经济业务能力较弱，这类社会组织生存更为艰难。因此，优化农村社会组织的分布和结构，注重分类指导，提供活动场所、资金补贴、项目等资源，这些重点扶持是针对社会组织协商治理的功能发挥，要求社会组织在参与基层协商治理上有能力提升。一方面，提供针对性的倾斜政策、制度保障和舆论支持，构建对这类社会组织有利的社会环境；另一方面，确保专项资金的使用不走样，要建立专项资金与协商治理成效相挂钩的制度机制。

---

① 石晓天：《我国枢纽型社会组织的功能特征、建设现状及发展趋势——文献综述的视角》，《理论导刊》2015 年第 5 期，第 85 页。

三是要增强农村对人才的吸引力，提升服务人才和组织的能力。农村协商治理需要大量的专业人才，关键是增加农村对各类人才的吸引力，一方面，要合理利用"选调生、大学生村官、退伍军人、退休教师、老党员"等群体，扩大人才的范围，不拘一格选拔人才。另一方面，通过完善细致的服务吸引高校毕业生和社会志愿者参与农村社会组织运营，提升农村社会组织人力资本和服务能力。① 通过贴心的服务提升人才的情感归属，提高人才在农村发展的机遇和空间，增进农村对各类人才的吸引力。

四是扩大新乡贤参与社会治理范围，发挥乡贤文化在协商治理中的作用。一般把那些德高望重的还乡官员、耕耘故土的贤人志士、扎根基层的优秀干部、品德高尚的道德楷模、反哺桑梓的企业家等榜样人物、先进人物、精英人物称为"新乡贤"。② 乡贤参与社区协商治理是中国农村社会的传统，这些人才是非常宝贵的资源，如果让他们在农村充分发挥才干，那就会极大优化农村的社会结构，甚至改变着农村的社会面貌。乡村振兴急需人才，更需要吸引新乡贤回到农村，各地应当将有能力、有见识的乡贤纳入乡贤参事会、村民议事会、乡风评议会等组织，帮助村两委共同管理村务，使其参与、融入基层管理中，提升农村的基层治理水平。比如，德清县洛社镇东衡村成立的乡贤参事会，培养有见识、有担当、有威望又自愿扎根乡土的新乡贤，发挥乡贤才智，助力乡村发展。③

（三）创新农村社区协商治理的参与性制度

社会组织参与农村协商治理的积极性是与其自身利益紧密联系的，

---

① 约翰·S. 德雷泽克：《协商民主及其超越：自由与批判的视角》，丁开杰等译，中央编译出版社 2006 年版，第 67 页。

② 蔡伟锋：《让乡贤成为乡村治理注入活力》，《人民论坛》2018 年 8 月下，第 69 页。

③ 参见肖家忱：《社区治理③新乡贤如何参与乡村治理》，https://www.thepaper.cn/newsDetail_forward_3625544。

要提高社会组织参与协商治理的质量，就要以利益参与、利益供给、利益和谐为导向，将农村社会组织的组织化整合机制、多元化竞争机制、社会化协调机制嵌入乡村协商治理制度之中，创新农村社会组织的参与性机制。比如，青岛莱西市的老年协会除了养老助老，还积极参与村庄治理，成为农村协商治理的积极辅助性力量，被纳入基层治理体系内。①

1. 提升参与农村社区协商治理的质量

农村社会组织有效参与是农村协商治理的一个重要标准。协商治理需要有效加强不同治理主体之间的联系，发挥社会组织在基层协商治理的催化剂作用，有专业化的技能方法优化基层治理资源配置，提升党建引领下的自治、德治、法治水平。因此，要理顺农村协商治理主体的关系，提升治理成效需要健全农村基层党组织领导、政府主导、多元主体共同参与的乡村治理体系，发挥农村社会组织在“村民自治”“政社互动”“三社联动”“社区共治”“网格治理”中的作用，健全“自治、法治、德治、共治”相结合的乡村治理体系。②

提高协商治理的质量需要在原有治理的基础上，进一步创新基层协商治理的载体。乡村组织建设涉及党的农村基层组织、村民自治组织和各类合作型社区组织的健全与培育，它是实现乡村社会有效治理的组织载体。③ 优化农村社区协商，夯实村民自治基础，依托村民会议、村民代表会议等载体，通过村民议事会、村民理事会、民情恳谈会、社区治理委员会、村民决策听证、民主评议等协商形式，提供村民更多参与农村协商治理的机会，增加农村协商民主有效参与的比重。

农村社区协商治理的质量要求持续开展协商。也就是说要提高农村

---

① 王义：《农村社会组织参与村庄治理机制探析——以青岛市莱西市 X 村老年协会为例》，《社团管理研究》2009 年第 10 期，第 29 页。

② 张锋：《乡村振兴背景下农村社区协商治理机制研究》，《上海行政学院学报》2019 年第 6 期，第 86 页。

③ 马良灿：《实现乡村社会有效治理的路径探索》，《甘肃社会科学》2019 年第 4 期，第 154 页。

社区协商治理的制度化水平，并且不断改进提升农村协商治理制度的科学性和操作性，逐步实现农村社会组织参与农村社区治理协商常态化、规范化、制度化，完善农村社会组织的诉求表达、利益协调和权益保障机制。这一套制度机制构成农村社区协商治理的闭环，能够避免协商治理过程中出现脱节和短板，也能够减少因为人为因素对农村社区协商治理的影响，把农村社区协商治理的制度和机制有效结合起来，尽可能地发挥制度的引领效应。

2. 激活参与农村社区协商治理的动力

一是以增量民主为途径逐步激发农村社会主体参与到协商治理的动力。由于农村社会组织发育较为迟缓，农民自身参与意识和能力较为薄弱，农村协商治理不可能一蹴而就，需要循序渐进采用增量民主的方式进行。这就需要发挥农村社会组织在农村社区公共性培育、价值观引领上的独特作用，通过具体的协商治理成效打造社区共同体，进而建构农村社区协商治理“工具理性”和“价值理性”的双重功能，在让村民充分协商体验收获的基础上激发村民利益表达、利益诉求、利益参与的积极性，提升农村社会组织参与农村社区治理的活力和动力。①

二是为社会组织获取资金创造更便利的条件。由于社会组织资金较为紧张，经费不足一直困扰社会组织运行和发展，因此，可以适当延长政府购买服务的项目周期，尤其是对社会反响较好的项目，并且管理规范的社会组织，探索采用一次性购买合同，多年有效期的方法，降低农村社会组织承接政府项目的成本，为社会组织扩展业务减轻财务压力。对政府部门而言，可以精简财务拨款流程，优化资金审核流程，对长期开展的项目，试行一次性拨付制度，最大限度地为社会组织参与农村社区协商治理提供资金便利。

三是建立社会组织评价激励机制。扶持农村社会组织必须加强对其监督管理，通过严格的考核评价，促使其规范发展。可以定期开展优秀

① 武中哲、韩清怀：《农村社会的公共性变迁与治理模式建构》，《华中农业大学学报(社会科学版)》2016 年第 1 期，第 18-19 页。

社会组织的评选，政府监管部门可以出台相应建设和评比的标准，未达标的优秀社会组织颁发资质证明，并且给予相应的经费奖励和荣誉资质评定，以此为基础不断提升社会组织自身的建设水平。也可以开展不同层面的农村社区协商治理优秀项目评选，对治理成效显著的优秀项目给予表彰奖励，并可以在一定范围内开展对优秀项目的学习推广，在不断积累的基础上，逐步提升农村社区协商治理的水平。

3. 拓展农村社区协商治理的渠道

一是做好农村协商治理的"加减法"。"加法"是对社会组织而言的，通过加快推进乡镇政府职能转变，厘清政府、市场与社会的权力边界，规范政府权力，加大对农村社会组织赋权和赋能。"减法"是针对政府而言的，政府逐步减少对社会市场直接干预的范围，尽可能地把事前审批变为事后的监管，给社会组织设立成长留足发展的空间，也为社会组织参与农村协商治理提供必要的试错环节，在严格监管的前提下放手农村社会组织的发展。"加减法"意味着应对农村社会组织更加宽松的成长环境，对农村社区社会组织成长培育提供更加便利的条件。

二是完善街镇购买服务的目录清单。采用清单化的管理方式，蕴含着负面清单的价值理念，也就是政府的权力是以清单规定为前提的，法无规定不可为，政府权力是有限的，而社会组织的权利则是法无禁止即可为，社会组织拥有充分展现活力的自由度。因此，以"清单化"的方式规范政府购买服务的行为和内容，激发农村社会组织参与政府购买服务的积极性和主动性，可以促进农村社会组织成长发育。① 清单化管理也有助于增强社区治理项目的科学性，设计清单项目意味着政府要对社区治理的问题和居民需求全面掌握，在汇聚民智的基础上进行设计项目清单。

三是建立健全统一的购买服务信息发布平台。信息公开透明可以解决信息不对称的问题，有了统一的信息平台既可以减少供需方的盲目行

① John, Parkinson, Mansbridge Jane. Deliberative Systems: Democracy at the Large Scale. Cambridge University Press, 2012: 18.

为，也可以减少政府该买服务中的权力寻租，降低农村社会组织参与农村社区治理的制度性成本。信息发布可以采用社区治理项目的方式发布、分阶段公开重要信息，接受居民群众的监督。信息平台的建设也可以为建立社会项目建设提供大数据资源，有了大数据分析可以为优化社会组织参与农村协商治理提供科学依据，并为持续深化协商治理提供经验积累。比如，安徽天长“积分+清单”防治“小微腐败”，就是发挥了项目强大的信息公开制度功效。

二、完善农村社区协商治理的运行机制

农村社区协商治理机制是农村协商治理各种要素的有效链接，并且在具体实施中发挥其功能。乡村有效治理的协商机制运用，核心是平等主体基于理性的公共协商，从而健全完善制度规则、提升治理推进能力，并促进各类主体的权力边界的再确认。① 农村社区协商治理机制涵盖众多方面，包括强化农村社区协商的党建引领机制、构建农村社区协商治理的多元参与机制、健全农村协商治理规范化保障机制、完善农村社区协商治理法治化支撑机制、构建农村社区协商治理的衔接联动机制，这些机制构成一套完整的运行体系，为农村社区协商治理提供有效支撑。

(一)完善党建引领社区协商治理的机制

习近平总书记指出：“社会治理的重心必须向基层下移，落实到城乡社区。”②这就迫切需要增强社区协商治理的组织力和政治引领力，构建社区共建共治共享的新格局。党领导基层治理的基本思路是发挥基层党组织的领导核心，带动社会组织和社区居民参与到社区事务治理中，

---

① 陈晓运：《乡村有效治理的基层协商机制探析——基于广州市下围村探索的实证分析》，《广州大学学报(社会科学版)》2019 年第 1 期，第 70 页。

② 中共中央宣传部：《习近平新时代中国特色社会主义思想学习纲要》，学习出版社、人民出版社 2019 年版，第 165 页。

打通社区治理的最后一公里，真正实现社区居民的事情由社区居民商量着办，提升社区共建、共治、共享的水平。

1. 以党内协商引领农村社区协商治理的方向

首先，提高农村社会组织党组织覆盖率。社区党组织覆盖主要以区域化党建为抓手，将农村社会组织纳入农村社区协商治理的机制体系。组织依托于党组织的设置创新，区域化党建就是社区党组织借助党组织的优势，整合区域内一切组织资源的平台载体。通过区域化党建的平台强化农村基层党组织在乡村振兴战略实施中领导核心地位，特别重视党组织在农村社区协商治理中的主导性作用，创新组织设置和活动方式，提升农村基层党组织的政治领导力、思想引领力、群众组织力、社会号召力。

其次，构建党组织在社区治理中的领导机制。基层党组织是基层社区治理的领导核心，也是基层社区治理的领导者、组织者和实施者。打铁必须自身硬，基层党组织作为基层社会治理的领导核心，党内协商民主的水平决定着社会协商治理的水平。发挥其领导核心的功能就要加强基层党组织“民主选举、民主决策、民主管理、民主监督”的规范化水平，尊重党员权利，发扬党内民主，引导党员参选村民代表及议事代表，村党组织成员可以兼任议事会代表，充分发挥农村党组织在农村社区协商治理中的领导力。

最后，以党的组织力为统领，把握好农村社区协商治理的方向和路径。协商治理本身就是一个组织社区居民参与协商治理的过程，社区协商治理推进的程度取决于农村社区党组织的组织力水平。组织力就是将党组织的领导作用和凝聚功能渗透到农村社区广泛、多层级的协商治理之中，通过强化思想引领功能，增强村民的组织意识和集体意识。农村社区协商治理过程中要坚持党的领导，以党的群众组织力为引领，保证协商主体、协商内容、协商程序、协商结果、协商价值导向与中国共产党关于协商民主价值逻辑保持一致。同时，把党组织的思想引领功能落实到农村社区协商治理的实践中，确保农村社区协商治理的方向正确、功能完善、机制协调和制度系统，始终坚持农村社区协商治理在党组织的领导和引领下推进实施。[1] 因此，组织力是具体真实的，这一切都呈现在具体社区治理活动中，只有通过丰富有效的自治活动，组织力才能转化为社区党组织的思想引领力和活动号召力。比如，河南邓州“四议两公开”工作法，发挥党建引领激活基层自治活力。

2. 发挥党组织在协商治理中的引领功能

首先，完善激活党组织引领力的机制。机制是制度释放功能的承载体和转换器，党建引领协商治理的机制是党组织引领功能的承载体和转换器。通过机制创新把党建引领贯穿于整合协商治理的全过程，党组织的领导力体现在党组织引领社会的功能中。基层党组织引领社会的机制表现为政治机制、组织机制、吸纳机制和服务机制，它们分别构造了基层党组织的领导力、组织力、凝聚力和回应力。[2] 这四个机制形成一个体系，充分激活党组织的引领力。

其次，强化基层党组织的政治社会化功能。在协商治理中实现政治社会化就要求把政治功能与协商治理的内容结合起来，强化农村党组织在农村社区协商治理的议题、主体、内容、形式、程序和成果应用等方面的引导性。农村协商民主的一个重要指针是培育引导，具体来说，要引进协商治理的增量，既培育和引导新的群众组织，增加政治社会化的组织载体，拓宽利益表达渠道，促进各种社会组织团体的和谐共处。[3] 农村社区协商治理本身就是一种通过引领参与，进而激发社区居民参与协商治理的意识和行动自觉。

最后，把引领功能贯穿于协商治理全过程。农村基层党组织是农村各种组织的领导核心，无论是行政组织、经济组织和群众自治组织，还

① 廖清成、罗家为：《以党的群众组织力引领乡村协商治理》，《学习时报》2020年4月29日，第7版。

② 田先红：《政党如何引领社会？——后单位时代的基层党组织与社会之间关系分析》，《开放时代》2020年第2期，第118页。

③ 肖纯柏：《农村基层党组织功能实现途径研究》，人民出版社2011年版，第178页。

是各类社会组织、服务组织，都要在党组织领导下开展工作。① 在协商之前，农村基层党组织要广泛听取村民、农村社会组织、相关利益主体的意见建议，引导协商议题形成；在协商过程中，农村基层党组织对协商的主体、内容、形式、程序要严格适用，确保参加协商的主体符合协商内容，推动多元利益主体充分表达诉求，严格遵守协商程序，按照协商议事规则形成书面的协商意见；在协商结束后，要及时公布协商成果，如果存在异议的，要进行必要的反馈说明，并监督相关责任主体落实协商成果，定期对协商意见进行评估考核。比如，湖北省大冶市开展“党建引领·活力村庄”基层治理改革，重塑了农村治理体系。

3. 构建区域化党建资源整合机制

首先，发挥区域化党建的辐射功能。区域化党建基于党的组织功能发挥，有助于党建元素与治理元素有效衔接。农村社区治理资源在数量上缺乏，结构上分散，难以形成有效合力。有效整合治理资源，需要发挥党建引领的政治功能，用区域化党建的平台优化农村社区协商治理的资源配置方式，通过结构优化实现治理要素的聚合效应。构建社区区域化党建对社区党建资源、党建力量的充分整合，一定程度上根治了社区党建中各类基层党组织的自我化、分散化、碎片化问题，客观上也就凝聚形成了社区党建的整体合力，进而增强了城市社区党建回应城镇化冲击及挑战的张力。②

其次，把组织优势转化为社区治理优势。区域化党建是优化提升农村社区治理能力的组织保障。农村社区协商治理要始终发挥党的组织优势，进而把组织力转化为协商治理的合力。针对农村社区协商治理的结构不优、能力不强的问题，探索以区域化党建为抓手，整合区域服务资源，激励驻村的企事业单位、社会组织、其他机构参与农村社区协商治理，强化区域化党建、农村社会组织协商、农村社区协商治理的互动，

---

① 汪俊玲：《乡村振兴离不开农村基层党组织的引领》，《红旗文稿》2018 年第 15 期，第 32 页。

② 张书林：《城镇化视阈下的社区党建转型探析》，《观察与思考》2015 年第 5 期，第 69 页。

提升农村社区协商治理的能力，健全农村社区协商治理的体系，形成多元主体参与农村社区协商治理的格局和机制。

最后，构建党建引领的协商治理模式。优化农村社区治理资源依托于“以党建促社建”的模式创新。党建整合社区治理资源主要指的是党组织和其他组织的有效联动，将农村社会组织融入乡镇政府、村两委组织、村干部、村民之间合作、互动和协商结构之中，充分激发农村社会组织的潜能、动力和活力，实现乡镇党委政府对农村社会力量的吸纳和整合，构建农村社会组织参与农村社区协商治理的共建、共治、共享的格局，发挥农村社会组织的公共性、公益性、专业性和草根性优势，促进农村社会组织在农村社区协商治理中的利益诉求、利益供给、利益协调和利益保障的功能。比如，江苏省张家港市探索以“党建引领+议事平台”的农村社区协商治理机制，整合社区治理资源。

（二）健全农村社区协商治理规范化保障机制

制度化规范化是农村社区协商治理的基本要求，农村社区协商治理规范化是一个系统工程，包括协商治理的理念、主体、内容、方式、程序、成果等，重点是强化协商治理内容的规范化，通过制度设计和有效执行真正把与村民密切相关的核心议题纳入协商治理全过程，真正实现自上而下和自下而上相结合。

1. 强化“自下而上”的议题产生机制

首先，强化农村社区治理专题协商的比例，把议题征集作为协商治理的基本方式。为避免出现将农村社区协商单纯作为推动乡镇工作和村两委工作的形式，提升协商议题的广泛性、公共性、代表性，应完善以村民议事会、村民理事会、老年协会、农村社会组织为主体的专题协商，听取农村社区相关利益主体的诉求和建议，全方位收集社区居民的智慧，为社区事务治理凝聚最大共识，画出社区协商治理的“同心圆”。针对当前农村社区治理面临的新型风险，创新农村社区协商的制度设计，充实社区协商治理的议题，比如，农村社区生活垃圾分类、环境综合整治、农民心理健康问题等，都应及时纳入农村社区协商治理的内容，充分利用互联网、大数据、云计算、物联网以及人工智能等新型信息技术手段，探索农村社区网络协商治理新机制。

其次，强化社区党组织、居委会对治理议题的掌控。在正式进入协商治理环节前，充分发挥协商沟通的功能，多方听取社区居民的诉求，尤其是依托各种社会组织的力量，将协商议题纳入村级协商治理的主要内容，形成“自下而上”的议题生产机制，促进农村社区协商治理的“激活”功能和“吸纳”功能的统一。有了社区组织的激活示范，社会组织和社区居民就会充分展现参与社区治理的热情，也意味着社区协商治理的框架建立。比如，浙江省杭州市西湖区“固定日+议题清单”的基层协商民主机制，创新推出开放式协商民主“44733”清单式机制。①

最后，实现“自上而下”与“自向而上”的有效联结。社区协商治理是一个双向互动的过程，这个互动体现在社区组织与社区居民之间的有效沟通，以及对议题设置的优化调整。议题采纳意味着不同协商单元的利益表达被整合进入协商议程，通过议题筛选、议题办理和议题外部支持等机制作用，促进协商单元与自治单元和政府的良性互动，保障协商治理顺畅落地。② 当然，有效链接意味着基层协商治理是一个反复协商的过程，既要体现自上而下的组织主导，也要体现自下而上的居民诉求，两者的联动就是协商民主机制的实现。

2. 完善协商参与决策监督机制

一是把握协商机制模式的重点。在新时代党建引领的背景下，基层议事协商机制被注入了新能量。各类基层议事协商机制依其特点可划分为单元主导统揽型、多级垂直管理型、多权分立合作型三种模式。③ 每一种协商模式都有自己的优点和不足，在农村社区协商治理中要重视涉

① 王文平、徐一键：《“固定日+议题清单”》，《杭州(党政刊)》2018年第2期，第38页。

② 党亚飞、应小丽：《组织弹性与规则嵌入：农村协商治理单元的建构逻辑——基于天长市农村社区协商开放式实验的过程分析》，《华中师范大学学报(人文社会科学版)》2020年第1期，第39页。

③ 蓝天：《党建引领基层议事协商机制的类型与功能》，《党政论坛》2020年5月，第28页。

及村民切身利益和矛盾突出的决策型协商、评议性协商。决策和评议分别是协商治理的两个关键环节，一个是具体协商的内容议题设置，决定着整个协商治理的方向，另一个是协商效果的运用和评价，决定着协商治理的规范和效果，因此需要重点关注决策性协商和评议型协商。

二是充分保障居民参与协商治理的权利。居民是社区治理的主体，也是社区的主人，因此协商治理要充分尊重农民的知情权、参与性、表达权和监督权，拓展农村社区协商治理的形式和类型，加强与农民利益密切相关的决策性协商、评议型协商，问计于民、问需于民，充分发挥农民的积极性、主动性和创造性。上门倾听民意与居民自我诉求表达要充分结合起来，不能相互取代，或者把二者对立起来。比如，社区要建立覆盖不通范围层次的议事平台，确保居民的诉求快速便捷地畅通表达，进而动员更多的居民参与到协商治理活动中。

三是强化社区协商治理的监督机制。农村协商治理的事项是本社区的公共事务，社区的居民有权利对协商治理的过程给予监督，防止协商治理出现异化，损害小区居民的合法权益，也就是要形成社区协商治理的参与机制、倒逼机制和问责机制，推动多元主体共治和善治。尤其是要加大对参与社区协商治理的社会组织的监督，建立项目资金信息公开机制，完善治理成效的居民评价机制，并逐步建立第三方的评价机制，把社区协商治理项目资金用到社区协商治理上来。比如，赋予它们承接政府购买服务的优先权、简化其年检手续、给予较高的评估等级、设立社会组织协商专项奖等，不断强化其协商意识，增强其参与协商的动力。①

3. 构建协商成果的公开应用反馈机制

首先，建立结果导向评价机制。结果导向是检验协商治理成效的关键指标，没有协商成果的治理就是空架子、假把式。社区协商治理体系有效展开运作就需要建立结果导向机制，这是一种反向的评级制，也是

① 孙发锋：《当前中国社会组织协商能力的要素、特征及提升路径》，《学术研究》2019 年第 11 期，第 58 页。

基于结果的评价机制。社区协商治理实践中不同程度存在重议题设置、忽视具体操作，重制度建设、忽视结果运用等问题，解决上述问题就需要回归民主的本质，民主的真谛是居民能否真正参与到社区协商治理中，并且能够主宰社区协商治理的结果方向，这才符合基层民主建设的要求，也是最终评价协商民主成效的关键环节。

其次，防止协商治理落空的有效举措就是完善协商成果的信息公开、应用评价反馈机制。农村社区协商是一种公共协商、民主协商、参与协商，是培养农村社区公共性的重要载体，影响农村社区协商治理效果的重要机制是信息公开机制、成果应用机制、监督反馈机制，这三个机制是一个整体设计，信息公开是基础、成果运用是关键、监督反馈是保障。要让农村社区协商在阳光下运作，尤其是尊重协商中少数人的意见，健全反馈解释机制，做好少数人的思想政治工作，体现协商需求最大共识的理念。

最后，注重反馈结果的有效运用。对协商治理成果的评价反馈是协商治理的最后一个环节，通过这个环节既可以评价治理成效，同样也可以对社区治理项目的优化提供建议，对一些存在问题的环节给予优化改进，为下一轮的协商治理提供经验借鉴。当然，协商治理结果的反馈也可以放大一些优秀治理项目的价值，给其他社区提供学习借鉴，对那些协商治理存在明显不足的社会组织和治理项目，则可以通过评估反馈给予淘汰，通过反馈评价实现协商治理项目和机制的不断优化。比如，浙江省杭州市余杭区探索“1+3”农村社区协商治理模式，推动农村社区协商治理的功能性整合。

（三）完善农村社区协商治理法治化支撑机制

党的十九届四中全会指出：“坚持和发展新时代枫桥经验，畅通和规范群众诉求表达、利益协调，权益保障通道。”[①]枫桥经验的精髓就是

① 《中共中央关于坚持和完善中国特色社会主义制度推进国家治理体系和治理能力现代化若干重大问题的决定》，人民出版社 2019 年版，第 29 页。

矛盾不上交，把群众工作与法治结合起来。这就意味着，在社区协商治理过程中，坚持法治为本，树立依法治理理念，强化法律在维护农民权益、化解农民社会矛盾等方面的权威地位，探索清单化的农村社区协商治理制度，强化对村民民约、自治章程的深度协商，培育农民社区协商治理的社会资本。

1. 社区协商治理的内容的清单化

首先，清单化管理是精细化管理的要求。坚持管理精细化重心下移，完善基层组织建设，培育基层社会精细化管理的"基因"。清单化治理为提升农村社区协商治理的制度化、法治化水平，在法律、法规不易修改的背景下，探索运用负面清单、正面清单、权力清单、责任清单等形式，对农村社区协商治理的主体、内容、方式、载体、规则、程序进行规范，强化对农村社区协商治理经验的总结、提炼，逐步将成熟的经验做法转化为立法和政策。

其次，把握"三个清单"的内涵。"负面清单"可以对社区协商治理的事项范围明确界定，防止无限制地扩大协商治理的范围；"正面清单"可以明确社区协商治理的职责，防止协商治理制度空转；"权力清单"可以明确社区协商治理的法律政策依据，要按照协商规定开展协商，防止出现任意性的协商；"责任清单"可以对协商治理中的行为进行有效监督制约，对参与协商的治理主体的行为划出边界，防止出现只有协商决策而没有治理，只有形式而没有治理内容。

最后，为乡村治理提供标准化流程。社区协商治理的程序是协商不可或缺的内容，也是社区治理内容具体实施的必备条件。比如小微权力清单及其标准化流程的导入为村级治理提供了更加系统化的规则，力图消除权力运作的非理性因素，共同形成了村庄的治理秩序。① 把具体的权力用清单的方式加以明确，把权力的行使用程序加以明确，那么社区居民对社区事务的监督和参与就有了遵循。比如，浙江宁海县颁布《宁

① 孙琼欢：《村级小微权力清单制度的构建逻辑及优化路径》，《新视野》2019 年第 6 期，第 60 页。

海县村务工作权力清单三十六条》，以流程图的方式展现整个权力运行的基本轨迹。

2. 强化对乡规民约自治章程的协商

首先，村规民约、自治章程是协商治理的制度前提。农村社区协商治理的支撑性法律就是以乡规民约、自治章程为代表的软法，村规民约是作为“自下而上”的“乡村自治小宪法”，具有汇集民意、集聚民智、化解民忧和维护民利的特性。① 农村协商治理是居民自治的重要载体，因此要重视发挥村规民约和自治章程的制度指引和约束作用，增进社区协商治理的制度规范和规则认同，培育社区居民理性参与有序表达诉求的行为方式，提升社区居民有效参与社区治理的素质和能力。

其次，村规民约、自治章程的合法性来自于充分协商。村规民约根植于农民的生活习惯、习俗、习性，建立于农民之间深度信任的基础之上，得到村民的广泛认同和普遍接受，是农村社区协商的制度成果，也是农村社区协商治理的心理基础，具有很强的规范力、约束力、监督力。社区自治章程是在社区居民充分协商基础上，被社区居民共同认可的治理规则，并通过民主程序形成的共同行为准则，在社区治理中要充分其规则权威。不论是村规民约和自治章程都需要充分体现村民居民的意志，但也要符合相关法律规定。

最后，要持续推动村规民约、自治章程的现代化转型。当前农村社区的乡规民约、自治章程还是形式大于内容，缺乏对农村社区治理的主要内容的回应，缺乏对农民社区治理难点和风险点的关注，缺乏农民的深度参与协商，缺乏针对性、实效性。因此，农村治理现代化的一项重要任务是推动村规民约的现代转型。推动村规民约向现代化转化。② 要促进村规民约与社会主义核心价值观实践结合起来，把自治章程与社会

① 曾勤、刘名瑞、池飞帆、关洁茹、王阳：《村庄自治视角下村庄规划与村规民约的衔接研究——以广州市乡村地区为例》，《规划师》2019 年第 24 期，第 41 页。

② 陈朋诗：《乡村振兴视角下村规民约的现代转化》，《科教导刊》2020 年第 12 期，第 163 页。

主义法治建设结合起来，把农村乡土人情与社区文化建设融合起来。比如，上海市金山区探索用法治思维完善农村社区协商治理机制，引入“法律顾问”参与农村“村规民约”“自治章程”等协商、制定，实现对农村社区协商治理的清单化、法治化、乡土化(软法)，促进党建引领下的农村社区“自治、法治、德治”的统一。

3. 积极培育农村社区治理资本

首先，社区治理必须盘活社会资本。这里的农村社区资本指的是农村协商治理的物质保障，是农村社区协商治理的可以利用的一切资源。农村社区协商治理的原动力来自对村民自治的信任、合作、理解、互动和协商，通过协商治理形成以社区记忆、社区意识、社区情感、社区认同、社区精神为内容的社区资本，① 这些都是社区进行协商治理的宝贵资源，可以强化对村民行为的价值引领、情感共鸣、行为规范，建构农村社区精神共同体，推进农村社区协商治理中自治、德治、法治的良性互动。

其次，培育社区社会资本目的是倡导多元群体共治。限定时空内社会资本存量的高低直接影响着社区自组织与自治理的实现。② 社区资本在一定时限内是恒定的，其价值是在多元自治共治中实现的，社区协商治理就要充分挖掘社区治理的资本，扩大社区治理资源的来源范围，把社区有形和无形的资本充分结合起来，尤其是社区协商治理中最为重要的人力资本优势。社区协商治理离不开志愿者的参与，离不开党员干部的引领示范，充分挖掘社区治理的核心骨干和志愿者团队，尤其是有参与能力的社区社会组织，通过这些人力资本的撬动，激活整个社区治理的资源。

最后，社区协商治理凝聚的是社区居民的感情。在城市治理实践中，不能忽视社区治理的起源、机制、目标及评价中包含的“人”及其

---

① 门献效：《在社会治理体系创新中提升农村社会组织公共服务能力》，《学术交流》2014 年第 8 期，第 102 页。

② 郑延瑾：《城乡“过渡型”社区的治理困局如何破解》，《人民论坛》2020 年第 12 期，第 95 页。

情感的重要维度。“情感治理”的焦点在于通过对城市情感再生产过程的干预来协调城市居民之间的关系，可以通过对结构性情感、情境性情感和自我关联性情感的优化来柔化国家与社会的权力结构关系、重建城市居民间关系并增强其城市认同感。① 在一定程度上通过社区协商治理也可以优化社区资本的额分布，在不同主体之间形成差异互补，进而提升社区整体资源的配置，优化社区治理的均衡机构。社区参与和社区交往则是导致社会资本存量较低且社区分布差异的主要因素；在社会资本与社区治理绩效关系方面，社区参与、社区归属感、社区凝聚力、社区信任和社区交往对社区治理绩效的正向作用显著。② 培育农村社区资本的路径是多方面的，需要社区整体谋划考虑，关键是立足自身实际特色，通过某个点实现整个方面的整合，尤其是借助区域化党建的平台，整合区域内的各种资源打造社区协商治理的共同体，形成枢纽型的治理平台。

(四)构建农村社区协商治理的衔接联动机制

村民自治是我国农村社区治理历史发展的制度成果，既符合农民的心理认同，又有法律上的制度保障，是一种有效的农村社区治理机制。而建构农村社区协商治理机制是为了促进农村多元主体之间的协商、理解、互动，提升社区治理的公共性、公益性和有效性。应坚持将农村社区协商治理机制与村民自治机制衔接联动，推动农民议事会、农民理事会、老年协会等协商治理组织与村民会议、村民代表会议、村委会之间的衔接，激活农村社区治理资源，强化农村社区协商治理的制度韧性。

1. 建立农村社会组织与基层民主的互动机制

首先，社会组织强化了农民参与协商的有效性。农村社会组织已经成为乡村振兴和农村社区协商治理的重要主体，它往往代表某一领域的

① 谢宇：《新时代中国社会变迁与社会治理创新》，《中国社会科学报》2017年11月29日。

② 杨秀勇、高红：《社区类型、社会资本与社区治理绩效研究》，《北京社会科学》2020年第3期，第78页。

农民群体利益，如农民经济合作组织、老年协会、志愿者服务团队等。这些组织在一定程度上都具有对特定群体的组织性和号召力，社区协商治理要充分听取这些社会组织负责人的意见，也可以通过社会组织征求其成员的意见，进而了解特定群体对社区治理的诉求。有了组织协商其效率要远远高于分散个体的协商，会极大提升个体参与协商的存在感、获得感。

其次，社会组织嵌入农村社区协商治理过程中。社会组织参与社会治理作为组织化的主体之一，其作用发挥要纳入社区协商治理的体系中，搭建社区社会组织有组织参与社区协商的平台，农村社区协商治理的理念、机制和制度只有嵌入乡村治理的制度之中，融入乡村治理的体制机制和社会结构，才能切实焕发出持续的生命力。① 一旦把农村社会组织嵌入社区协商治理体系中，就等于借助了社会组织的力量开展第三方参与的协商治理，这种协商治理不是重新成立新的社会组织，而是进行功能的拓展和嫁接，让社会组织承载更多的内容，对社会组织成员而言，也增加了一个组织参与社区治理的通道，并且可以有效通过集体表达自己的诉求。

最后，推动多层次多范围的协商治理。应推动农村社会组织内部的协商、农村社会组织之间的协商、农村社会组织与农村社区其他主体的协商，建立沟通协商的制度化机制，提升农村社区协商治理的公共性和专业性和公益性。通过农民组织的内部机制有效协调农民的要求和行为，把分散化的非法参与转化为组织化的有序参与，农民通过各种社会组织进行利益表达，释放了农民因利益实现要求而产生的冲动和能量，成为农民与政府之间的“过滤带”，促进村级决策的民主化和科学化。② 比如，浙江省温岭市民主恳谈会，充分立足农村社区协商性平台，实现村级协商与乡镇人大制度的衔接互动。

---

① 张清清、荣城：《城乡一体化视野下的农村社会组织》，《社团管理研究》2010 年第 12 期，第 9 页。

② 刘义强：《构建以社会自治功能为导向的农村社会组织机制》，《东南学术》2009 年第 1 期，第 84 页。

2. 推动农村社区协商治理与村民自治制度的互动机制

深化社区协商治理与村民自治的融合。农村社区协商治理机制能够有效化解和回应乡村振兴过程中面临的风险和挑战，实现治理结构、协商程序和治理格局四个方面的拓展、创新、优化。

其一，拓展农村社区治理的主体结构。社区协商治理是多层次的协商，也是多主体的协商，作为基层社会治理的主心骨，社区党组织要承担起优化协调不同治理主体之间利益，善于借鉴和吸纳更多的治理主体进入农村社区协商治理体系中。这就要改变传统乡村治理过程中村级党组织、村委会、村民代表、村民这种纵向的治理，吸纳了农村社会组织、专家、律师等主体参与农村社区治理，实现了乡村治理对社会力量的“激活”和“吸纳”。只有建立起一个开放包容、具有弹性和任性的治理体系，协商治理的制度优势才能够在社区治理中发挥出来。

其二，创新农村社区治理的协商程序。农村社区协商的方式要立足农民的习惯，不一定都采取正式协商的方式，尤其是开会协商的方式，社区党组织和居委会要善于走进居民，走进社区各类社会组织，把各种治理元素与社区原有的治理体系和居民生活结合起来，春风化雨润物细无声的方式解决问题。基于协商民主的制度性嵌入，从协商主体、协商内容、协商形式、协商反馈、协商监督，健全了系统化的协商程序，培育村民的理性精神和民主能力，建构农村社区资本和公共性。

其三，优化农村社区治理的格局。农村社区治理格局的优化的标准是在基层党组织的领导下，各种参与主体充分表达，并能理性协商达成共识。具体来说，通过将农村社区协商与乡镇人大协商的互动、衔接，优化政府治理、村民自治、社会协同的良性格局，促进了农村社区自治、德治、法治和共治的协同联动。比如，对社区垃圾分类的治理就要采取联动机制，既要有对居民的宣传发动，也要有对相关条例的严格执法，在社区居委会、物业公司、志愿者和居民之间形成有效联动。

其四，防止社会组织参与治理的异化。农村社会精英参与到社会治理中具有双重的影响，除了可以极大地提升治理成效，带来更多的治理资源外，也存在这一定的治理异化风险。农村社会精英从经济领域渗透到社会领域后，往往通过非制度化的方式参与到村庄事务的管理，由此可能产生正式组织权力的弱化或非制度化参与导致村庄的不稳定两种消极后果。① 因此，要寻求不同治理主体的优势互补、共同发展的途径，尤其是增加社区居民对社区事务参与协商治理的权益保障，建立多层次的协商沟通渠道，构建多种社会协商治理形态的互动机制，对处于弱势的特殊人群要上门征求意见，并尽最大的努力确保弱势群体的利益。

3. 关注农村社区协商治理的整体成效

首先，如何厘清农村社区协商治理的边界问题。任何一种治理方式都是有自身局限性的，协商治理也不例外。因此，在开展协商治理的过程中，一定要依据相关法律规定和治理规则，整体考虑哪些议题更适合协商治理解决，哪些议题不能纳入协商治理范围，不能以协商治理为由突破法律、法规的要求，更不能以协商治理的方式损害农民、村集体以及农村社会组织等合法权益。

其次，如何保障协商治理过程中"少数"村民的利益。协商治理不可能实现百分之百的一致，协商治理必然意味着要有必要的妥协，然后才可能达成具有共识的决策。因此，要看到协商是一种理念和价值，更是一种能力和权利，乡村精英更易于操控社区协商治理的议题、程序、流程、结果等，要避免协商治理中的"精英主义"，防止忽视或损害"沉默的少数"。也要认识到协商无果的情况，这就需要充分尊重每一个居民的合法权益，要把协商治理看成是党的群众工作，不断教育引导群众达成共识的过程，但不是强迫或者违背群众意愿达成协商结果。

最后，如何提高协商治理的效率。农村社区协商治理是一个系统工程，从协商主体、协同议题、协商方式、协商载体、协商结果、协商评估反馈等，乡村治理中各利益主体之间的协商、沟通、博弈、互动都需要巨大的信息成本、契约成本、执行成本、监督成本，甚至出现"协商

---

① 姜裕富：《论农村社会组织与村民自治联动机制》，《中共济南市委党校学报》2012 年第 8 期，第 44 页。

僵局”，制约了农村社区协商治理的效率。① 所以，要更好地发挥农村社区协商治理在乡村振兴中的作用，应加强农村基层党组织建设，完善村民自治制度，大力培育农村社区社会组织，挖掘农村社区治理的本土资源，激发农村社区传统文化的活力，系统建构农村社区协商治理的党建引领机制、多元参与机制、规范化保障机制、法治化支撑机制、衔接联动机制。

三、优化农村社区协商治理的保障体系

在乡村治理实践中，党的农村基层组织、村民自治组织以及农民合作型村落社区组织三者相互嵌入，互相依存，互为补充，构成了新时期独具特色的乡村组织体系。② 这一组织体系的运行必须给予充分的制度保障，构建有机运行的社区协商治理体系。

乡村振兴背景下农村利益主体更加多元化，要以农村社区协商性治理平台为依托，构建民事民议、民事民办、民事民管的多层级基层协商格局，激发多元主体的活力、动力和潜力，建构农村社区多元参与的共治体系。③ 应针对农村社区协商治理的突出问题，结合农村社区协商治理的利益机制和整合机制，系统构建农村社区协商治理的保障体系。

（一）挖掘农村社区协商治理本土资源

首先，重视社区治理中的本土资源。农村社区自身资源较为匮乏，社区治理机制力量也较为薄弱，但是农村社区协商治理具有乡土色彩，

① 蔡斯敏：《乡村治理变迁下的农村社会组织》，《西北农林科技大学学报（社会科学版）》，2012 年第 5 期，第 6 页。

② 马良灿；《实现农村社会有效治理的路径探索》，《甘肃社会科学》2019 年第 7 期，第 155 页。

③ 赵晓峰、刘涛：《农村社会组织生命周期分析与政府角色转换机制探究——以鄂东南一个村庄社区发展理事会为例》，《中国农村观察》2012 年第 5 期，第 73-75 页。

大部分是本乡本村的农民，具有熟人社会的显著特征。农村社区是一个熟人社会，各种地缘、血缘、姻缘都能在农村社区协商治理过程中发挥积极作用，需要调动农村老教师、老党员、老干部、老军人等新乡贤的主动性，发挥他们在农村社区协商治理中的独特优势。比如，鄂东南社区发展理事会就是一个发挥乡土治理资源作用的平台，让各种问题在理事会充分协商沟通解决。

其次，充分释放社区志愿者的资源优势。在新的历史条件下，能有效运用第三方力量化解社会矛盾是社会转型的必然结果，社区志愿者就是基层社区党组织和居委会最好的帮手，有了社区志愿者的参与，社区协商治理就不会成为独角戏。在当前社会团体发展滞后的情况下，基层组织借助体制内的力量来培育体制外独立运行的群众团体势在必行，体制内外的有效衔接正是化解社会转型期社会分化断裂的有效手段。① 如何释放社区志愿者资源能量，一是要给舞台，要社区志愿者充分的展示空间；二是要给任务，不管是志愿者还是志愿者团队，要发挥作用必须有目标任务；三是要给荣誉，要给予志愿者精神激励，这样才能形成社区志愿者参与社区治理的良性循环。

最后，完善本土资源的挖掘需要畅通参与治理的渠道。挖掘社区本土资源需要整体理念，既要兼顾文化建设，也要重视培育居民参与的治理体系。一方面，通过社区文化建设，增进社区居民的社区归属感和认同感，用社区文化把农村社会治理的资源整合起来，把社区居民的感情联系起来；另一方面，把农村的特有资源融入社区协商治理的各个环节，这就需要建立健全党委领导、政府负责、民主协商、社会协同、公众参与、法治保障、科技支撑的现代农村社区治理体系，有了这样的治理体系，就能调动社会各方力量，共同挖掘农村社区协商治理的本土资源，释放农村社区协商治理的活力。

① 李鸿渊：《城镇化进程中群众工作与志愿者精神有效契合——以上海市松江区小昆山镇“同心汇”志愿者工作站为例》，《上海党史与党建》2011 年第 6 期。

(二)大力发展培育农村社区社会组织

首先，社区协商治理需要大力发展社会组织。农村协商治理面临着参与协商力量薄弱的现实，农民的组织化程度决定着协商民的成效。“大力培育服务性、公益性、互助性农村社会组织”是国务院颁发的《乡村振兴战略规划(2018—2022 年)》提出的一个基本要求。要推进乡村持续性振兴，实现“农业强、乡村美、农民富”，需要大力培育农村持续发展型社会组织。① 乡村振兴需要的社会组织是符合于乡村振兴的大战略的，农村专业社会组织的培育发展要牢牢立足这一根本出发点。

其次，社会组织参与协商治理需要协商文化氛围。农村具有浓郁的乡情传统，这是农村协商治理的重要支撑。农村社会组织参与农村协商治理依托于协商民主制度建设，通过畅通社会组织和公众有序参与城市管理的渠道，形成全社会共同参与城市管理、共建和谐社区的良好局面和民主协商的社会文化氛围。协商文化可以对农村社区协商治理有效引领示范，给参与协商治理的不同主体给予方向指引，并对农村社区协商治理形成有效价值认同的制度支撑。

最后，充分发挥社会组织的协商治理功能。乡村振兴战略背景下，应大力发展农村社会组织，发挥农村社会组织内部、农村社会组织之间以及农村社会组织与社区治理相关主体之间的协商、沟通、互动，推动农民利益诉求、利益表达、利益参与的组织化、理性化。《民政部关于大力培育发展社区社会组织的意见》提出，力争到 2020 年实现城市社区平均拥有不少于 10 个社区社会组织，农村社区平均拥有不少于 5 个社区社会组织。② 农村社会组织是农村社区协商治理的关键性主体，它是乡村社会分工、利益分化的产物，作为一个草根性组织，具有较强的组织性、公共性、专业性和公益性，有很强的凝聚力、整合力和引领力。

① 谷中原:《乡村振兴背景下的农村持续发展型社会组织建设》,《湖湘论坛》2020 年第 1 期，第 5 页。

② 刘圆:《新时代下我国农村社会组织的发展路径探究》,《学理论》2019 年第 8 期，第 75 页。

因此，政府部门要采取更加开放包容的心态，发展培育农村各类社会组织，通过社区社会组织的成长来提升农村社区协商治理水平。比如，湖北省天门市全面推行所有农村社区建立协商议事会、理事会、村务监督委员会等群众性“三会”组织，“三会”协同深入开展治理活动。

(三)构建农村社区多方参与治理格局

首先，完善农村社区多元协商共治体系。多元协商共治首先是多方参与，也就是尽可能地扩大农村社区协商治理范围，扩大协商治理的代表性。多方参与治理是为应对乡村振兴战略背景下，农村社区协商治理面临的新形势、新挑战，农村社区协商平台的搭建要围绕农村社区协商治理的难点、痛点、堵点等瓶颈问题，有针对性地选择引入专家学者、专业人士、律师、外来群体代表等外部性力量。专业人士参与到社区协商治理体系中，就是要充分发挥其特长优势和治理价值，将其纳入农村社区协商治理的体系，形成社区事务大家共同参与管理的环境氛围，通过专业的引领示范，进一步丰富农村社区协商治理的内涵、优化协商治理的结构，健全农村社区多元主体协商共治体系。

其次，完善共同参与的协作机制。共建共治共享体现的是协商民主的理念，就是“大家的事情大家商量着办”，有多方参与才有协商共治，合作治理是政府、私人部门和第三部门为实现公共治理目的而展开的权力分享、优势互补与协作互动过程。也就是说，在农村社区协商治理的过程中，要结合协商主题，引入专家学者、专业人士、律师、外来群体代表等外部性力量，共同参与到协商治理活动中，优化社区协商治理机构，扩大农村社区协商治理主体的范围，提高农村社区协商治理的深度。

最后，优化居民参与协商治理项目。农村社区协商治理尽可能吸纳多的人参与到社区治理中，目的是通过更广泛的协商沟通，让社区治理更加贴近居民诉求，尤其是要兼顾到不同类型居民的不同诉求，以及多数人和少数人利益的平衡。这就要搭建更多的社区居民参与协商的治理项目，把多方参与转化为社区事务的具体治理。比如，江西都昌县探索将基层协商民主“下沉”到自然村，吸收“农村老党员、老干部、老教师、老劳模、老复员退伍军人”参与社区协商治理。

(四)提升参与协商治理的意识和能力

社区协商治理归根到底是社区居民的自我管理、自我教育、自我服务和自我监督的形式，社区居民的参与意识和能力状况决定着协商治理的质量，在协商治理中要始终坚持以社区居民为中心的理念，充分提升作为主体的社区居民参与的意识和能力培育。

一是加强协商治理的宣传教育。协商民主的意识需要灌输，要充分发挥媒体的正面宣传作用。① 对社区居民的宣传教育要立足社区居民的思想实际，尤其是要充分考虑到社区居民的喜闻乐见的宣传方式。农村地区存在不同差异，在条件允许的情况下可以采用新媒体方式，加强对公共事务的信息交流，采用更加便捷及时的新媒体手段，与社区居民开展更为新颖的宣传。当然，要重视协商实践对协商参与习惯的养成作用，只有通过培育引导形成社区居民潜移默化的行为认同，那么就会形成一种主动参与协商治理的行为自觉。

二是发挥留守党员干部的带头作用。农村也面临着严重的空壳化现象，留守农村的党员普遍年纪过大，发挥留守党员的先锋模范作用需要搭建平台。农村党员是社区协商治理的骨干，是基层党组织最为得力有效的力量来源，农村社区协商治理就是要把党员的先锋模范作用华为带动居民参与治理的源头活水。如果农村社区党建搞得有声有色，那么就会吸引更多的年轻人加入，社会资源也会源源不断地汇聚。留守党员还有另外的优势，那就是每个家庭都有外出的工作的成员，通过留守党员家庭的沟通宣传也可以带动外出务工人员参与了解小区事务。

三是增加农村对各类人才的吸引力。促进城乡统筹、协调发展，缩小城乡差距，吸引大学生村官扎根基层、扎根农村，在农村发展和成

---

① 孙发锋：《当前中国社会组织协商能力的要素、特征及提升路径》，《学术研究》2019 年第 11 期，第 58 页。

长。只有这样，才能改善农村协商治理主体的整体性结构，实现提升农村协商治理主体意识和能力的目标。[①] 社区协商治理也是城乡一体化发展的重要内容，最终解决农村人才不足的问题需要从根上解决城乡差异的问题，城乡统筹的首要考虑应该是人才待遇的统筹，在薪资晋升等方面要与城市缩小差异，在某些待遇方面可以给予倾斜，比如给予经济上的下乡补贴，职称评审上向农村地区人才适度倾斜。

四是提升网络协商智慧治理能力。社会治理是一个多方参与的过程和机制。利用社区网站、微博、微信、论坛等载体，建立各种民意诉求平台，畅通民意诉求渠道；组织网民从虚拟的网络社会走到现实的社会生活中来，建立沟通交流互动机制。积极建立和完善民意搜集机制，作为政策制定的重要参考，实现问政于民；让社区居民享有知情权，提升社区居民对政府决策的知晓度和参与度，实现政府与民众的良性互动。加大对网络人才的培养力度，充分利用社区网站、微信群、APP、QQ群等促进实现网络协商治理的专业化和常态化。比如，上海市宝山区的"社区通"运用移动互联网、大数据分析等现代信息技术，探索建立的以党建为引领、以移动互联网为载体、以城乡居民为主体、以有效凝聚精准服务为特点的智能化治理系统。

(五)把握农村社区协商治理"三对关系"

农村社会治理体系中社会组织占有举足轻重的地位，社会组织参与社会治理不仅是农村社区的再组织化，同样也是不同治理主体之间的关系平衡。因为，社会组织本身构成了社会管理价值的维度，社会组织也是实现社会价值目标和制度规范的主要载体，组成实现社会管理价值的功能系统。[②]

农村社会组织参与农村社区协商治理健全了农村社区治理的组织体

---

① 王可园：《协商治理：村民自治有效实现的路径选择》，《行政论坛》2017年第2期，第37页。

② 李志强，王庆华：《"结构—功能"互适性理论：转型农村创新社会管理研究新解释框架》，《南京农业大学学报(社会科学版)》第5期，第15页。

系，优化了农村社区协商治理的结构，提升了农村社区协商治理的能力，促进了农民利益参与组织化、农村公共物品供给多元化、农村矛盾风险调节的社会化，为新时代乡村振兴战略实施提供了组织保障和制度支撑。但要持续提升农村社会组织参与农村社区协商治理的绩效，需要处理好“三个关系”。

一是“工具理性”与“价值理性”的关系。实践中基层党委政府更强调农村社区协商治理的“工具理性”功能，① 力求通过农村社会组织推动农村社区民主发展，弥补农村公共物品供给不足，协调农村社区利益冲突，促进农村利益诉求、利益发展、利益协调、利益保障，完善“党委领导、政府负责、社会协同、公众参与和法治保障”的社区治理体制。但针对我国农村社区协商治理面临的公共性缺失、社会资本匮乏、共同体弱化、乡村文化迷失等治理危机，更应强调农村社会组织的“价值理性”功能，发挥农村自组织的内生力、原动力和整合力，以农村社会组织为载体，培育农民民主意识、协商技能、合作能力，构建农村社区公共性、培育农村社会资本、建构农民利益共同体、打造社区精神家园，促进农村社会组织参与农村社区治理的“工具理性”与“价值理性”的统一。②

二是“吸纳”与“激活”的关系。乡村振兴视阈下我国农村社区协商治理的目标是建构基层党组织领导下的充满生机和活力的村民自治机制，但在长期的乡村治理实践中，村民自治存在“虚化、弱化、异化”等危险，农村两委组织成为乡镇行政机构在基层的附属机构，无法激活农村社区治理的活力和动力。农村社区协商治理机制，是国家强化对农村社会力量“制度化吸纳”的机制，③ 可以实现农村社区党组织领导下的

① Jorge M. Valadez. Deliberative Democracy, Political Legitimacy, and Self-Democracy in Multicultural Societies. USA Westview Press, 2001: 17.

② 王岩、魏崇辉：《协商治理的中国逻辑》，《中国社会科学》2016 年第 7 期，第 26-45 页。

③ 马奔、程海漫、李珍珍：《从分散到整合：协商民主体系的构建》，《中共中央党校学报》，2017 年第 2 期，第 66-67 页。

自治、德治、法治和共治的“四治协同”。农村社区协商治理，不仅体现为国家对农村社会力量的制度化“吸纳”，更是对农村社会力量的“组织化激活”，依托农村社会组织的公益性、专业性、草根性等优势，发挥农村社会组织扎根农村、贴近村民、熟悉村情、融入文化的功能，激发乡村治理中传统的“血缘、地缘、姻缘”以及家族文化的功能，推动乡村社区的“共建、共治、共享”。

三是“赋权”与“规范”的关系。针对农村社区协商治理存在的体系不完善、结构不优化、能力不强等瓶颈短板，基层党委政府应从法律、法规、政策、财税、人才、制度等方面培育发展农村社会组织，加快转变政府职能，完善政府购买服务清单、目录和机制，对农村社会组织参与农村社区协商治理给予“赋权”,① 拓展农村社会组织的参与渠道，提升专业化的服务能力。但也应看到，农村社区写治理还处于发展完善之中，存在种种乱象，出现“权力寻租”“合谋异化”“信任危机”，严重影响了农村社区协商治理的公信力、专业性和公益性，有的甚至沦为农村的“黑恶势力”，成为破坏了农村社区稳定和谐的重要因素，所以，应强化对农村社区协商治理的“规范”，从准入、成立、运营、退出等环节加强监管，实现“赋权”和“规范”的统一。比如，浙江桐乡探路“三治合一”，即法治为纲、德治为要、自治为本，也有人将其称为维护社会稳定的三脚架。

综上所述，农村社区协商治理机制能够有效化解和回应乡村振兴过程中面临的风险和挑战，实现了以下三个方面的拓展、创新、优化：其一，拓展了农村社区治理的主体结构。改变传统乡村治理过程中村级党组织、村委会、村民代表、村民这种纵向的治理，吸纳了农村社会组织、专家、律师等主体参与农村社区治理，实现了乡村治理对社会力量的“激活”和“吸纳”。其二，创新了农村社区治理的协商程序。基于协商民主的制度性嵌入，从协商主体、协商内容、协商形式、协商反馈、协商监督入手，健全系统化的协商程序，培育村民的理性精神和民主能

① 俞可平:《治理与善治》，社会科学文献出版社 2000 年版，第 38 页。

力，建构农村社区资本和公共性。其三，优化了农村社区治理的格局。通过农村社区协商与乡镇人大协商的互动、衔接，优化了政府治理、村民自治、社会协同的良性格局，促进了农村社区自治、德治、法治和共治的协同联动。

当然，农村社区协商治理机制建设，需要处理好三个问题：一是如何厘清农村社区协商治理的边界问题。二是如何保障协商治理过程中"少数"村民的利益。三是如何提高协商治理的效率。应将协商治理的理念嵌入乡村振兴战略和农村社区治理之中，科学界定农村社区协商治理的内容，规范农村社区协商治理的形式，完善农村社区协商治理的机制；充分激活乡村社区治理的本土资源和传统文化，注重农村社区协商治理的开放性、规范性和均衡性，建构农村社区协商治理共同体；推动农村社区协商治理机制与乡村政治制度的衔接和互动，提升农村社区协商治理机制的整体性、协调性和系统性。

参考文献

一、著作类

[1]胡位钧：《中国基层社会的形成与政治整合的现代性变迁//复旦政治学评论(第二辑)》，上海：辞书出版社 2003 年版。

[2]黄仁宇：《大历史不会萎缩》，桂林：广西师范大学出版社 2004 年版。

[3]中共中央编译局：《马克思恩格斯选集(第四卷)》，北京：人民出版社 1995 年版。

[4]王沪宁：《当代中国村落家族文化：对中国社会现代化的一项探索》，上海：人民出版社 1999 年版。

[5]王颖：《新集体主义：乡村社会再组织》，北京：经济管理出版社 1996 年版。

[6]谭同学：《桥村有道：转型乡村的道德权力与社会结构》，上海：生活·读书·新知三联书店 2010 年版。

[7]贺雪峰：《新乡土中国：转型期乡村社会调查笔记》，桂林：广西师范大学出版社 2003 年版。

[8]邱梦华：《农民合作与农村基层社会组织发展研究》，上海：上海交通大学出版社 2014 年版。

[9]陈那波：《国家、市场与农民生活机遇：来自中国广东农村的经验》，北京：中央编译出社 2010 年版。

[10][美]阿尔蒙德：《比较政治学：体系、过程和政策》，上海：译文出版社 1987 年版。

[11][美]理查德·斯科特：《制度与组织思想观念与物质利益(第3版)》，北京：中国人民大学出版社2010年版。
[12][美]彼得·卡赞斯坦、罗伯特·基欧汉、斯蒂芬·克拉斯纳：《世界政治中的探索与争鸣》，秦亚青译，上海：世纪出版集团2006年版。
[13]周怡：《市场转型期的“国家—社会双依附模型”——以改革初期温州“农民造城”为例》//邓正来：《当代中国基层制度个案研究》，上海：复旦大学出版社2011年版。
[14][法]埃哈尔·费埃德伯格：《权力与规则———组织行动的动力》，张月等译，上海：格致出版社2008年版。
[15][美]帕森斯：《现代社会的结构与过程》，梁向阳译，北京：光明日报出版社1988年版。
[16]谭同学：《桥村有道：转型乡村的道德权力与社会结构》，北京：生活·读书·新知三联书店2010年版。
[17]贺雪峰：《组织起来：取消农业税后农村基层组织建设研究》，济南：山东人民出版社2012年版。
[18]阎云翔：《中国社会的个体化》，陆洋译，上海：译文出版社2012年版。
[19][美]乔纳森·H. 特纳：《社会学理论的结构》，吴曲辉译，杭州：浙江人民出版社1987年版。
[20]吴新叶：《农村基层非政府公共组织研究》，北京：北京大学出版社2006年版。
[21][法]爱弥尔·涂尔干：《社会分工论》，渠东译，上海：三联书店2000年版。
[22][美]罗伯特·K. 默顿：《社会理论和社会结构》，唐少杰等译，南京：译林出版社2008年版。
[23]张小劲：《比较政治学导论》，北京：中国人民大学出版社2001年版。
[24]王颖：《新集体主义：乡村社会再组织》，北京：经济管理出版社

1996 年版。
[25][瑞典]汤姆·R. 伯恩斯:《经济与社会变迁的结构化:行动者、制度与环境》,周长城等译,北京:社会科学文献出版社 2010 年版。
[26][法]埃哈尔·费埃德伯格:《权力与规则——组织行动的动力》,张月等译,上海:格致出版社 2008 年版。
[27]全钟燮:《公共行政的社会建构:解释与批判》,北京:北京大学出版社 2008 年版。
[28]卢晖林:《通向集团之路——一项关于文化观念和制度形成的个案研究》,北京:社会科学文献出版社 2015 年版。
[29][法]米歇尔·克罗齐耶、埃哈尔·费埃德伯格:《行动者与系统——集体行动的政治学》,张月等译,上海:上海人民出版社 2007 年版。
[30]中共中央编译局:《马克思恩格斯选集(第 1 卷)》,北京:人民出版社 1995 年版。
[31][法]卢梭:《社会契约论》,何兆武译,北京:商务印书馆 2003 年版。
[32]中共中央编译局:《马克思恩格斯全集(第 3 卷)》,北京:人民出版社 2012 年版。
[33]中共中央编译局:《马克思恩格斯全集(第 23 卷)》,北京:人民出版社 1972 年版。
[34][美]达尔、塔夫特:《规模与民主》,唐皇凤等译,上海:上海人民出版社 2013 年版。
[35][法]托克维尔:《论美国的民主(上卷)》,董果良译,北京:商务印书馆 1988 年版。
[36]邓大才:《小农政治:社会化小农与乡村治理》,北京:中国社会科学出版社 2013 年版。
[37][美]费正清:《美国与中国》,张理京译,北京:世界知识出版社 2009 年版。

[38][美]卡尔·科恩:《论民主》,聂崇信、朱秀贤译,北京:商务印书馆1988年版。
[39][美]理查德·C. 博克斯:《公民治理——引领21世纪的美国社区》,孙柏瑛等译,北京:中国人民大学出版社2013年版。
[40][美]W. 理查德·斯科特:《制度与组织:思想观念与物质利益》,姚伟、王黎芳译,北京:中国人民大学出版社2010年版。
[41]张晓山等:《中国农村改革30年研究》,北京:北京经济管理出版社2008年版。
[42][英]埃尔斯特:《协商民主:挑战与反思》,周艳辉译,北京:中央编译出版社2009年版。
[43]费孝通:《中国绅士》,北京:中国社会科学出版社2006年版。
[44]费孝通:《皇权与绅权》,上海:华东师范大学出版社2015年版。
[45]于水:《乡村治理与农村公共产品供给——以江苏为例》,北京:社会科学文献出版社2008年版。
[46][美]萨缪尔·亨廷顿:《变革社会中的政治秩序》,李盛平、杨玉生译,北京:三联书店出版社1989年版。
[47]肖桂云、张蓉:《农村社会学》,北京:中国审计出版社2001年版。
[48]郑杭生、李迎生:《中国社会学史新编》,北京:高等教育出版社2000年版。
[49][美]基思·福克斯:《政治社会学》,陈崎、耿喜梅、肖咏梅等译,北京:华夏出版社2008年版。
[50][美]科尔曼:《社会理论的基础》(上),邓方译,北京:社会科学文献出版社1990年版。
[51]林尚立、赵宇峰:《中国协商民主的逻辑(修订本)》,上海:上海人民出版社2016年版。
[52]程同顺:《中国农民组织化研究初探》,天津:天津人民出版社2003年版。
[53]仝志辉:《农村民间组织与中国农村发展——来自个案的经验》,

北京：社会科学文献出版社2005年版。
[54][英]戴维·赫尔德：《民主的模式》，燕继荣等译，北京：中央编译出版社2004年版。
[55]俞可平：《治理与善治》，北京：社会科学文献出版社2000年版。
[56][德]乌尔里希·贝克：《世界风险社会》，吴英姿、孙淑敏译，南京：南京大学出版社2004年版。
[57]温铁军：《中国新农村建设报告》，福州：福建人民出版社2010年版。
[58]袁淮：《中国共产党执政风险防范研究》，北京：中国书籍出版社2012年版。
[59]刘祖云：《社会转型问题解读》，武汉：武汉大学出版社2005年版。
[60]崔德华：《风险社会理论与我国社会主义和谐社会构建研究》，济南：山东大学出版社2013年版。
[61]中共中央编译局：《马克思恩格斯选集》(第3卷)，北京：人民出版社1972年版。
[62]崔德华：《风险社会理论与我国社会主义和谐社会构建研究》，济南：山东大学出版社2013年版。
[63]费孝通：《乡土中国·生育制度》，北京：北京大学出版社1998年版。
[64][美]吉登斯：《民族——国家与暴力》，胡宗泽、赵力涛译，北京：生活·读书·新知三联书店1998年版。
[65][美]杜赞奇：《文化、权力与国家——1900—1942年的华北农村》，王福明译，南京：江苏人民出版社1996年版。
[66]刘伟：《难以产出的村落政治——对村民群体性活动的中观透视》，北京：中国社会科学出版社2009年版。
[67]张乐天：《告别理想——人民公社制度研究》，北京：东方出版社1998年版。
[68][美]彼得·德鲁克：《后资本主义社会》，张星岩译，上海：上海

译文出版社 1998 年版。
[69]郑永廷：《人的现代化理论与实践》，北京：人民出版社 2006 年版。
[70]中共中央编译局：《马克思恩格斯选集(第 4 卷)》，北京：人民出版社 1995 年版。
[71][美]查尔斯·霍顿·库利：《人类本性与社会秩序》，包凡一、王湲译，北京：华夏出版社 1989 年版。
[72][美]沃尔特·W. 鲍威尔、保罗·J. 迪马吉奥：《组织分析的新制度主义》，姚伟译，上海：上海人民出版社 2008 年版。
[73]潘泽泉：《行动中的社区建设转型和发展》，北京：中国人民大学出版社 2014 年版。
[74][美]杰拉尔德·F. 戴维斯、W. 理查德·斯科特：《组织理论：理性、自然与开放系统的视角》，高俊山译，北京：中国人民大学出版社 2011 年版。
[75]朱新山：《乡村社会结构变动与组织重构》，上海：上海大学出版社 2004 年版。
[76]罗平汉：《农村人民公社史》，福州：福建人民出版社 2003 年版。
[77]罗西瑙：《没有政府统治的治理》，南昌：江西人民出版社 2001 年版。
[78]福山：《信任：社会美德与创造经济繁荣》，海口：海南出版社 2001 年版。
[79][美]罗伯特·帕特南：《让民主运转起来》，王列、赖海榕译，南昌：江西人民出版社 2001 年版。
[80][德]滕尼斯：《共同体与社会》，林荣远译，北京：商务印书馆 1999 年版。
[81]费孝通：《乡土中国》，北京：北京大学出版社 1998 年版。
[82]吴理财：《制度设计、变形及其原因浅析——来自 S 乡“组合竞选”村委会试验的观察报告》，载李连江、郭正林、肖唐镖：《村委会选举观察》，天津：天津人民出版社 2001 年版。

[83]丁元竹:《中国社会保护网的再造》,天津:天津人民出版社 2001 年版。

[84][美]弗朗西斯·福山:《信任:社会美德与创造经济繁荣》,彭志华译,海口:海南出版社 2001 年版。

[85][美]罗斯金等:《政治科学》(第 6 版),林震等译,北京:华夏出版社 2001 年版。

[86]黄宗智:《长江三角洲小农家庭与乡村发展》,北京:中华书局 1992 年版。

[87]中共中央编译局:《马克思恩格斯选集》(第 4 卷),北京:人民出版社 1972 年版。

[88]曹锦清:《黄河边的中国——一个学者对乡村社会的观察与思考》,上海:上海文艺出版社 2001 年版。

[89][美]M. 波洛玛:《当代社会学理论》,孙立平译,北京:华夏出版社 1989 年版。

[90][美]乔纳森·H. 特纳:《社会学理论的结构》,吴曲辉译,杭州:浙江人民出版社 1987 年版。

[91][美]帕森斯:《现代社会的结构与过程》,梁向阳译,北京:光明日报出版社 1988 年版。

[92][美]罗伯特·K. 默顿:《社会理论和社会结构》,唐少杰等译,北京:译林出版社 2008 年版。

[93][美]R. 科斯、A. 阿尔钦、D. 诺斯:《财产权利与制度变迁——产权学派与新制度学派译文集》,刘守英等译,上海:上海三联书店、上海人民出版社 1994 年版。

[94]贺雪峰:《试论 20 世纪中国乡村治理的逻辑//中国乡村研究(第五辑)》,福州:福建教育出版社 2007 年版。

[95]董磊明:《村将不村——湖北尚武村调查//中国乡村研究(第五辑)》,福州:福建教育出版社 2007 年版。

[96]陈伟东:《社区自治》,北京:中国社会科学出版社 2004 年版。

[97]中共中央编译局:《马克思恩格斯选集》(第 1 卷),北京:人民出

版社 1995 年版。
[98]杨雪冬：《市场发育、社会生长和公共权力的构建》，郑州：河南人民出版社 2002 年版。
[99][美]西里尔・E. 布莱尔：《比较现代化》，杨豫、陈祖洲译，上海：上海译文出版社 1996 年版。
[100][英]齐格蒙特・鲍曼：《流动的现代性》，欧阳景根译，北京：生活・读书・新知三联书店 2002 年版。
[101][美]约翰・罗尔斯：《正义论》，何怀宏、何包钢、廖申白译，北京，中国社会科学出版社 1998 年版。
[102][美]埃里希・弗洛姆：《逃避自由》，陈学明、周洪林译，北京：工人出版社 1987 年版。
[103][美]齐格蒙特・鲍曼：《共同体》，欧阳景根译，南京：江苏人民出版社 2007 年版。
[104]陈家刚：《协商民主与当代中国政治》，北京：中国人民大学出版社 2009 年版。
[105][德]尤尔根・哈贝马斯：《民主的三种规范模式》，曹卫东译，上海：上海人民出版社 2002 年版。
[106][美]阿图尔・考夫曼等：《当代法哲学和法律理论导论》，郑永流译，北京：法律出版社 2002 年版。
[107][美]埃莉诺・奥斯特罗姆：《公共事务的治理之道》，余逊达、陈旭东译，上海：上海三联书店 2000 年版。
[108][美]杜赞奇：《文化、权力与国家——1900—1942 年的华北农村》，王福明译，南京：江苏人民出版社 1996 年版。
[109]何包钢：《民主理论：困境与出路》，北京：法律出版社 2008 年版。
[110][美]罗伯特・达尔：《民主理论的前言》，朱丹译，三联书店、牛津大学出版社 1999 年版。
[111]陆益龙：《户籍制度：控制与社会差别》，北京：商务印书馆 2003 年版。

二、论文类

[1]李增元：《乡村社区治理研究：分析范式、分析方法及研究视角的述评》，《甘肃行政学院学报》2012年第4期。

[2]周云霞：《结构功能主义视阈下的农村社会管理创新——基于2005年CGSS的实证分析》，《东南学术》2012年第3期。

[3]汤芷萍：《结构功能主义视角下的城乡一体化研究——以奉贤区为例》，《华东理工大学学报：社会科学版》2011年第3期。

[4]周怡：《社会结构：由“形构”到“解构”——结构功能主义、结构主义和后结构功能主义理论之走向》，《社会学研究》2000年第3期。

[5]郑向东：《把农民组织起来：关于新形势下巩固党在农村执政基础的思考》，《人民论坛》2009年第18期。

[6]菀鹏：《中国农村市场化进程中的农民合作组织研究》，《中国社会科学》2001年第6期。

[7]贺雪峰：《农民组织起来的陷阱》，《人民论坛》2011年第4期。

[8]邓燕华、阮横俯：《银色力量何以可能？——以浙江老年协会为例》，《社会学研究》2008年第6期。

[9]贾西津：《中国公民参与的非政府组织途径分析》，《中国社会科学》2007年第2期。

[10]黄辉祥、刘宁：《农村社会组织：生长逻辑、治理功能和发展路径》，《江汉论坛》2016年第11期。

[11]马立、曹锦清：《基层社会组织生长的政策支持：基于资源依赖的视角》，《上海行政学院学报》2014年第6期。

[12]赵泉民、井世洁：《“后乡土”时代人际关系理性化与农民合作的困境与出路》，《江西社会科学》2013年第8期。

[13]周立群、曹利群：《农村经济组织形态的演变与创新——山东省莱阳市农业产业化调查报告》，《经济研究》2001年第1期。

[14]陈荣卓、陈鹏：《新型城镇化背景下现代农村社会组织管理体制构建研究》，《社会主义研究》2013年第6期。

[15]李友梅:《中国社会管理新格局下遭遇的问题——一种基于中观机制分析的视角》,《学术月刊》2012 年第 7 期。

[16]谭同学:《类型比较视野下的深度个案与中国经验描述——以乡村研究中的民族志书写为例》,《开放时代》2009 年第 8 期。

[17]陈明:《圈层社会:村民自治研究一项新的理论尝试——基于圈层研究和农村研究单位的创新》,《理论与改革》2011 年第 6 期。

[18]桂华、贺雪峰:《再论中国农村区域差异——一个农村研究的中层理论建构》,《开放时代》2013 年第 4 期。

[19]刘翠霞:《中国乡村研究三十年》,《开放时代》2008 年第 6 期。

[20]王诗宗、宋程成:《独立抑或自主:中国社会组织特征问题重思》,《中国社会科学》2013 年第 5 期。

[21]李远行:《互构与博弈——当代中国农村组织的研究与建构》,《开放时代》2004 年第 6 期。

[22]陈益元:《后公社时期的国家权力与农村社会:研究回顾与展望》,《中国农史》2006 年第 2 期。

[23]吴理财:《中国农村研究主位意识和具体进路》,《开放时代》2005 年第 2 期。

[24]高力克:《在善举与权力之间——转型社会中的民间组织》,《中国社会科学》2009 年第 28 期。

[25]米正华:《风险社会理论视角下的农村社会矛盾防控》,《江西社会科学》2013 年第 9 期。

[26]黄辉祥、万君:《农民维权:利益表达与权益维护——基于对 100 封群众来信的分析》,《社会主义研究》2009 年第 6 期。

[27]李二斌、朱慧劼、李凌:《社会转型背景下农村社区治理的主体、问题与路径选择第六届农村社会学论坛综述》,《南京农业大学学报(社会科学版)》2016 年第 1 期。

[28]项继权、王明为:《农村社区建设:发展态势与阶段特征》,《青海社会科学》2015 年第 2 期。

[29]陈荣卓、唐鸣:《农村基层治理能力与农村民主管理》,《华中师范

大学学报(人文社会科学版)》2014 年第 2 期。
[30]吴业苗:《农村社会公共性流失与变异兼论农村社区服务在建构公共性上的作用》,《农村观察》2014 年第 3 期。
[31]刘义强:《构建以社会自治功能为导向的农村社会组织机制》,《东南学术》2009 年第 1 期。
[32]渠敬东、周飞舟、应星:《从总体性支配到技术治理——基于中国 30 年改革经验的社会学分析》,《中国社会科学》2009 年第 6 期。
[33]刘鸿渊:《农村税费改革与农村公共物品供给机制》,《求实》2004 年第 2 期。
[34]徐勇:《村民自治的成长:行政放权与社会发育》,《华中师范大学学报》(人文社会科学版)2005 年第 2 期。
[35]王晓毅、蒋久荣:《农村社会组织与社区整合研讨会综述》,《农村经济与社会》1991 年第 6 期。
[36]杜吟棠:《我国农民合作组织的历史和现状》,《经济研究参考》2002 年第 25 期。
[37]徐勇:《政权下乡:国家对乡土社会的整合》,《贵州社会科学》2007 年第 11 期。
[38]南刚志、季丽新:《新农村建设与村民自治深化发展的新契机》,《当代世界与社会主义》2009 年第 4 期。
[39]周红云:《中国社会组织管理体制改革:基于治理与善治的视角》,《马克思主义与现实》2010 年第 5 期。
[40]俞可平:《治理和善治——一种新的正分析框架》,《南京社会科学》2001 年第 9 期。
[41]郁建兴、任泽涛:《当代中国社会建设中的协同治理——一个分析框架》,《学术月刊》2012 年第 8 期。
[42]毛丹:《村庄的大转型》,《浙江社会科学》,2008 年第 10 期。
[43]折晓叶、陈婴婴:《超级村庄的基本特征及"中间"形态》,《社会学研究》1997 年第 6 期。
[44]门献敏:《社会管理创新视野下我国农村社会组织的角色定位》,

《社会主义研究》2012年第2期。
[45]唐建平、张国祥、高青：《农村社会组织建设对策研究》，《湖北社会科学》2010年第12期。
[46]贾义保、陆影：《社会管理视角下农村干群关系研究》，《山东社会科学》2013年第5期。
[47]包先康：《农村社区微治理研究基本问题论纲》，《北京社会科学》2018年第1期。
[48]程同顺、魏莉：《微治理：城市社区双维治理困境的回应路径》，《江海学刊》2017年第6期。
[49]李祖佩：《乡村治理领域中的"内卷化"问题省思》，《中国农村观察》2017年第6期。
[50]冉光仙、徐兴灵：《"四直为民"：乡村振兴背景下村庄治理协同机制的探索》，《西南民族大学学报(人文社会科学版)》2018年第10期。
[51]冷波：《村庄"双轨治理"的特征与效果分析——基于秭归县C村的考察》，《湖南农业大学学报(社会科学版)》2017年第3期。
[52]张良：《乡村公共空间的衰败与重建：兼论乡村社会整合》，《天津行政学院学报》2013年第6期。
[53]张翼：《土地流转、阶层重塑与村庄治理创新——基于三个典型村落的调研》，《中共中央党校学报》2016年第2期。
[54]刘祖云、孔德斌：《乡村软治理：一个新的学术命题》，《华中师范大学学报(人文社会科学版)》2013年第3期。
[55]谢安民等：《重建乡村共同体：从村民自治到社区自治》，《浙江社会科学》2017年第9期。
[56]徐勇、赵德健：《找回自治：对村民自治有效实现形式的探索》，《华中师范大学学报(人文社会科学版)》2014年第4期。
[57]黄家亮：《当前中国农村社会变迁与基层治理转型新趋势——基于若干地方经验的一个论纲》，《社会建设》2015年第6期。
[58]贺雪峰：《三大全国性市场与乡村秩序》，《贵州社会科学》2019年

第 11 期。
[59]廖林燕：《乡村振兴进程中“直过”民族传统社会组织的创造性转化研究》，《西南民族大学学报（人文社会科学版）》2018 年第 10 期。
[60]韩福国：《作为嵌入性治理资源的协商民主：现代城市治理中的政府与社会互动规则》，《复旦学报（社会科学版）》2013 年第 3 期。
[61]汪锦军：《论行政主导模式下农村社会管理创新中的政府角色》，《行政管理改革》2012 年第 1 期。
[62]张厚安：《乡政村治——中国特色的农村政治模式》，《政策》1996 年第 8 期。
[63]田毅鹏、韩丹《城市化与“村落终结”》，《吉林大学社会科学学报》2011 年第 2 期。
[64]张德化、程业炳：《马克思、恩格斯的农民转型思想与实践价值》，《当代经济研究》2012 年第 10 期。
[65]周军、田克勤：《中国农村现代化进程中农民文化价值观的变迁及其引导》，《东北师大学报（哲学社会科学版）》2013 年第 3 期。
[66]汪洪涛：《新农村建设要重视农业生产组织方式创新》，《马克思主义研究》2008 年第 3 期。
[67]万江红、管珊：《农村专业技术协会的实践形态与发展定位——基于与农民专业合作社的比较》，《华中农业大学学报》2013 年第 4 期。
[68]李增元：《协同治理及其在当代农村社区治理中的应用》，《学习与实践》2013 年第 12 期。
[69]李远行：《互动与博弈——当代中国农村社会组织的研究与建构》，《开放时代》2008 年第 6 期。
[70]徐勇：《治理转型与竞争——合作主义》，《开放时代》2001 年第 7 期。
[71]汪锦军：《农村公共事务的治理——政府、村组织和社会组织的角色》，《浙江学刊》2008 年第 5 期。
[72]王连巧：《农民群体上访事件频发的组织根源》，《河北学刊》2010

年第5期。
[73]钟宜：《我国农村社会组织的发展与乡村治理方式的变革与完善》，《探索》2005年第6期。
[74]黄宗智：《重新思考"第三领域"：中国古今国家与社会的二元合一》，《开放时代》2019年第3期。
[75]周庆智：《农民工阶层的政治权利与中国政治发展》，《华中师范大学学报》2016年第1期。
[76]张静：《通道变迁：个体与公共组织的关联》，《学海》2015年第1期。
[77]杨中艳：《党领群治：十八大以来农村社区协商的经验成效与路径优化》，《社会主义研究》2016年第4期。
[78]张美华：《民生托底的"发展型"农村社区建设探索》，《中南民族大学学报：人文社会科学版》2018年第6期。
[79]张国献：《社会主义乡村协商治理：现实逻辑、制度导向与实践旨题》，《理论探讨》2017年第1期。
[80]徐勇：《中国民主之路：从形式到实体——对村民自治价值的再发掘》，《开放时代》2000年第11期。
[81]李玲玲、李长健：《农村社区治理能力现代化进路之思考——基于社区发展权理论的视角》，《华中农业大学学报》(社会科学版)2016年第2期。
[82]李润国、姜庆志、李国锋：《治理现代化视野下的农村社区治理创新研究》，《宏观经济研究》2015年第6期。
[83]党国英、卢宪英：《新中国乡村治理研究回顾与评论》，《理论探讨》2019年第5期。
[84]王乐夫：《新时期农村基层民主政治建设的进程及其政治学分析》，《江海学刊》2002年第3期。
[85]唐明勇：《建国后中国共产党领导农村基层民主建设的经验》，《社会主义研究》2003年第2期。
[86]杨原、刘玉侠：《新中国成立60年农村基层民主建设中的村民自

治问题探析》，《青海社会科学》2009 年第 5 期。
[87]董江爱：《新中国农村基层民主 60 年的演变逻辑》，《马克思主义研究》2011 年第 6 期。
[88]张鲲鹏、吴敏先：《建国后农村基层群众自治的实践与基层民主的发展》，《东北师大学报(哲学社会科学版)》2012 年第 3 期。
[89]谢炜：《我国农村基层民主自治的法律演进、实践困境与路径选择》，《华东师范大学学报(哲学社会科学版)》2012 年第 2 期。
[90]朱勤军：《中国政治文明建设中的协商民主探析》，《政治学研究》2004 年第 3 期。
[91]林尚立：《协商政治：对中国民主政治发展的一种思考》，《学术月刊》2003 年第 4 期。
[92]马奔：《协商民主与选举民主：渊源、关系与未来发展》，《文史哲》2014 年第 3 期。
[93]肖唐镖：《村庄治理中的传统组织与民主建设——以宗族与村庄组织为例》，《学习与探索》2007 年第 3 期。
[94]高鸿钧：《通过民主和法治获得解放：读〈在事实与规范之间〉》，《政法论坛》2007 年第 5 期。
[95]冯兴元：《乡村治理关键在于实现善治》，《华中师范大学学报(人文社会科学版)》2017 年第 5 期。
[96]陈浩天：《民生服务：基层善治与乡村资源整合的政治逻辑》，《河南师范大学学报(哲学社会科学版)》2014 年第 3 期。
[97]唐欢庆：《论新生代农民工犯罪的文化善治》，《中国青年研究》2007 年第 5 期。
[98]李增元、程又中：《赋权、放权与维权：转型期的农村基层善治及其实现途径》，《华中师范大学学报(人文社会科学版)》2014 年第 1 期。
[99]金东日、石绍成：《村民参与、村干部监督与基层善治》，《西北农林科技大学学报(社会科学版)》2017 年第 2 期。
[100]王斌通：《新时代“枫桥经验”与基层善治体系创新——以新乡贤

参与治理为视角》，《国家行政学院学报》2018 年第 4 期。
[101]耿永志、张秋喜：《实施乡村振兴战略需整体性提高乡村治理水平》，《农业现代化研究》2018 年第 5 期。
[102]吴理财、吴侗：《乡村振兴社会建设应先行》，《江汉论坛》2018 年第 4 期。
[103]王忠武：《乡村文明的价值结构与新时代重构——实现乡村振兴的文明复兴之路探讨》，《山东社会科学》2018 年第 5 期。
[104]张红宇：《乡村振兴与制度创新》，《农村经济》2018 年第 3 期。
[105]江维国、李立清：《顶层设计与基层实践响应：乡村振兴下的乡村治理创新研究》，《马克思主义与现实》2018 年第 4 期。
[106]邓大才：《治理的类型：从“良序”到“善治”——以乡村社会为研究对象》，《社会科学战线》2018 年第 9 期。
[107]韦少雄：《“规则-程序”：当前村民自治研究范式的有效选择》，《湖北社会科学》2018 年第 7 期。
[108]程又中、李增元：《农村社区管理体制：在变迁中重建》，《江汉论坛》2011 年第 5 期。
[109]张永理、徐浩：《改革开放以来我国乡村社区风险变化研究》，《马克思主义与现实》2014 年第 6 期。
[110]朱华桂：《论风险社会中的社区抗逆力问题》，《南京大学学报(哲学·人文科学·社会科学版)》2012 年第 5 期。
[111]张永理、徐浩：《改革开放以来我国乡村社区风险变化研究》，《马克思主义与现实》2014 年第 6 期。
[112]张明军、刘晓亮：《2016 年中国社会群体性事件分析报告》，《中国社会公共安全研究报告》2017 年第 10 期。
[113]田孟：《新村级债务的形成机制及其破解之道——基于全国 6 省 11 村的调查》，《福建农林大学学报(哲学社会科学版)》2018 年第 1 期。
[114]周飞舟：《锦标赛体制》，《社会学研究》2009 年第 3 期。
[115]贺雪峰：《半熟人社会——理解村委会选举的一个视角》，《政治

学研究》2000年第3期。
[116]徐勇：《现代国家的建构与村民自治的成长——对中国村民自治发生与发展的一种阐释》，《学习与探索》2006年第6期。
[117]邓大才：《新型农村城镇化的发展类型与发展趋势》，《中州学刊》2013年第2期。
[118]李增元：《基础变革与融合治理：转变社会中的农村社区治理现代化》，《当代世界与社会主义》2015年第2期。
[119]吴晓燕：《从文化建设到社区认同：村改居社区的治理》，《华中师范大学学报》(社会科学版)2011年第9期。
[120]李姜振华：《社会资本视角下的社区治理》，《河南社会科学》2005年第4期。
[121]项继权：《论我国农村社区的范围与边界》，《中共福建省委党校学报》2009年第7期。
[122]夏柱智：《论"半工半耕"的社会学意涵》，《人文杂志》2014年第7期。
[123]杜春林、张新文：《乡村公共服务供给：从"碎片化"到"整体性"》，《农业经济问题》2015年第7期。
[124]黄振宇、李俊奎：《新农村建设视域下我国农村文化产业的发展》，《西北农林科技大学学报(社会科学版)》2015年第4期。
[125]王海娟、贺雪峰：《资源下乡与分利秩序的形成》，《学习与探索》2015年第2期。
[126]陈军亚：《公理共议：传统中国乡村社会的协商治理及价值》，《山东社会科学》2019年第1期。
[127]李晓广：《论协商治理视域下村民小组自治的有效实现》，《学术界》2019年第4期。
[128]任路：《协商民主：村民自治有效实现的路径转换与机制重塑》，《中共浙江省委党校学报》2016年第5期。
[129]赵普兵：《协商治理：农村自治转型之路》，《华南农业大学学报(社会科学版)》2019年第2期。

[130]郑普建：《以协商民主推进村民自治的有效实现——基于浙江省实践探索的思考》，《岭南学刊》2018 年第 2 期。
[131]杨守涛、李乐：《基层协商议程设置的基本模式研究》，《中国行政管理》2019 年第 1 期。
[132]李宁：《互动与融合：农村环境治理现代化中的协商民主》，《求实》2019 年第 3 期。
[133]崔凤军、姜亦炜：《农村社区开放式协商机制研究——基于德清县乡贤参事会的调查》，《浙江社会科学》2018 年第 6 期。
[134]李祖佩、杜姣：《分配型协商民主："项目进村"中村级民主的实践逻辑及其解释》，《中国行政管理》2018 年第 3 期。
[135]张露露：《乡村治理中协商民主的实践形式：比较、问题与对策——基于我国东中西部地区四个典型案例的分析》，《中州学刊》2019 年第 4 期。
[136]邓大才、张利明：《多单位治理：基层治理单元的演化与创设逻辑——以中国农村基层治理单元演化为研究对象》，《学习与探索》2017 年第 5 期。
[137]侣传振：《国家治理下的农村自治基本单元属性》，《华南农业大学学报(社会科学版)》2018 年第 5 期。
[138]李增元：《农村基层治理单元的历史变迁及当代选择》，《华中师范大学学报(人文社会科学版)》2018 年第 2 期。
[139]邓大才：《均衡行政与自治：农村基本建制单位选择逻辑》，《中共中央党校(国家行政学院)学报》2019 年第 1 期。
[140]史传林：《非政府组织参与农村公共服务的理论分析与政策选择》，《学术交流》2007 年第 9 期。
[141]董江爱、崔培兵：《村治中的政治博弈与利益整合——资源型农村选举纠纷的博弈分析》，《中国农村观察》2010 年第 2 期。
[142]徐勇：《中国家户制传统与农村发展道路——以俄国、印度的村社传统为参照》，《中国社会科学》2013 年第 8 期。
[143]项继权：《中国农村社区及共同体的转型与重建》，《华中师范大

学学报(人文社会科学版)》2009年第3期。

[144]李增元:《社区化治理:我国农村基层治理的现代转型》,《人文杂志》2014年第8期。

[145]王先明:《20世纪前期中国乡村社会冲突的演变及其对策》,《华中师范大学学报(人文社会科学版)》2012年第4期。

[146]吴叶苗:《农村基层社会管理与“社区化”体制建构——基于城乡一体化视角》,《社会科学》2013年第8期。

[147]汪小红、朱力:《“离土”时代的乡村信任危机及其生成机制——基于熟人信任的比较》,《人文杂志》2013年第8期。

[148]杨雪冬:《走向社会权利导向的社会管理体制》,《华中师大学报(人文社科版)》2010年第1期。

[149]赵旭东:《闭合性与开放性的循环发展——一种理解乡土中国及其转变的理论框架》,《开放时代》2011年第12期。

[150]纪晓岚、朱逸:《经营性治理:新集体时代的村庄治理模式及其自在逻辑》,《西北师大学报(社会科学版)》2013年第2期。

[151]张锋:《乡村振兴背景下农村社区协商治理机制研究》,《上海行政学院学报》2019年第6期。

[152]张小军:《理解中国乡村内卷化的机制》,《二十一世纪》1998年第2期。

后　记

在即将全面建成小康社会和中国共产党建党100周年之际，我们有责任将目光聚焦在中国广阔的农村地区，关心那些生活在农村的人民——他们究竟过得怎么样、他们心里的乡村振兴、他们眼里的美好生活。本书试图从农村社区协商治理的视角切入，去观察、梳理、探寻、总结农村社区协商治理的基础理论、历史演进、功能逻辑、制约因素及系统建构。

农村社区协商治理是一种以过程、程序、合作、参与、认同为特征的新型乡村治理机制，具有农民利益的制度性整合、功能性整合和认同性整合的多维功能。针对我国农村社区协商治理面临协商治理理念偏差，协商治理的主体结构不优、能力不强，协商治理的内容结构性失衡，协商治理的法治化、规范化程度不高，协商治理与乡村治理制度的融合、衔接、联动不够等问题，应系统建构农村社区协商治理的党建引领机制、多元参与机制、规范化保障机制、法治化支撑机制、衔接联动机制，更好地发挥农村社区协商治理在乡村振兴中的作用。力求从农村社区协商治理体系和治理能力的双重维度，回应当下农村社区社会资本匮乏、公共性缺失、传统文化凋敝的现实困境，促进农村社区协商治理中“秩序”与“活力”“吸纳”与“激活”“发展”和“规范”之间的平衡和互动！

本书写作过程中得到很多良师益友的鼓励、支持和帮助！感谢我的工作单位中共上海市委党校(上海行政学院)提供的宽裕写作环境，单位领导和同事的鼓励、支持和帮助让我能静下心来思考和写作！感谢上海市松江区委党校李鸿渊副教授提出的完善建议！感谢武汉大学出版社唐伟老师细致的编审工作！感谢我的家人对我无私的付出和支持！当然，由于本人学识有限，书中难免存在不足之处，敬请学界同仁批评指正！

张锋

2020 年 7 月于上海